親鸞

Shinran

―病・癒し・福祉―

新保　哲　著

大学教育出版

はしがき

本著の構成は全体で第六章から成り立っている。すなわち、第一章　慈悲心とは何か――『教行信証』「信巻」から読み解く、第二章　毒と薬、第三章　『維摩経』と親鸞における福祉のこころ、第四章　宗教から見た福祉とは何か、第五章　道元の菩薩道と福祉の精神、第六章　親鸞と私――講演録。

そこで要点を簡単に記すと次のようになる。①慈悲心を「仏道」として捉え、菩薩道として医師が人の心身を治療治癒し、病を癒す行為に近づけ論じた。②毒とは貪瞋痴《とんじんち》の煩悩を指し同時に罪を意味する。それらは六字名号を称する念仏、すなわち妙薬の働きでしか消せない点を論じた。病・毒・罪の抜苦与楽と癒しとその救済に論点がある。③智慧の光は魂を救い、宗教的ケアとして展開される現実のこの世の還相回向に焦点がある。④社会福祉、老人医療介護の課題は病人介護にあり、その心得を仏教介護法から捉えてみた。⑤「四摂法」を手懸りに、福祉に光を当て抜苦与楽、下化衆生、利他救済等、真の人間の幸福観を追求した。および聖書にみる愛・隣人愛を仏教との比較で試論した。⑥親鸞と私との結びつきを、その幼少の頃から現在までの道程の中で思想形成の足跡を辿りつつ追った。

ところで、私が親鸞についての著書を出版した最初は、忘れもしないまだ若き三六歳の時であった。題名は『親鸞――その念仏と恩思想――』というものであり、当時の吉川圭三社長から直接御礼のお手紙を頂いたことを今でも印象深く覚えている。確か着想と独創性があり、また一般読者に読みやすい内容となっている、というものであった。特に念仏口称とキリスト教の御名を唱える比較の論点に興味をもたれたようであった。真宗では「南無阿弥陀仏」と口で唱えて救われ、キリスト教も口に主の御名を唱えて義人となり救済される、というような論旨を展開した。ともあれ、それは昭和六〇年一月のことであり、本になった嬉しさの余り、恩師をはじめ諸先生方、それに同窓の学友や先輩・後輩、知人や友人達、田舎から上京してきたばかりの大学生の時に大変お世話になった埼玉川口市の福島弘（尾熊鉄鋼所社長）・花子ご夫妻、さらには当時教えていた都立高校の男女生徒も呼んだ。それに従兄弟をはじめとした親類縁者に取り囲まれ、永田町の砂防会館で出版記念パーティを盛大に催した。そのとき同郷の誼《よしみ》で中央大学学長になったばかりの憲法学者の川添利幸先生、松ヶ岡文庫長の古田紹欽先生、獨協大学で英米の哲学を教わった大槻春彦先生、早稲田大学の峰島旭雄先生、亜細亜大学の法学部長清瀬信次郎先生から励ましの祝辞を頂き激励された。壇上に立った私と母は緊張した面持ちで、また横には大学で席を並べた親友浅子勝美君が司会者として共に、有難く拝聴していた自分を、今では懐かしくも思い出す。母は佐渡から、姉は新潟市から私の祝いのために自分のことのように駆けつけて来てくれた。屋外はオーバーを着なければならないほどひどく寒かった。しかし会場内は静けさと落ち着きの中にもあたたかい友情と信頼された人間関係の絆で結ばれていて、どのテーブルを私がまわっても親しく祝いの言葉を次つぎに一言かけてくれ、笑みがこぼれた。獨協大学時代に教わった鈴木康治先生をはじめ同大学の事務職員、群馬大学の笠井貞先生、日本大学の親鸞研究者の遠山諦虔先生、同郷の大正大学の中川栄照先生、当時、数年前までは都立航空高専の非常勤講師として同僚で親しくしていた拓殖大学の経済学の郡荘一郎先生（後に同大学副学長）ご夫妻、上野高校の関正幸先生（後に都立鷺宮高校校長）、その他大勢の都立高校の教諭の方々も駆けつけて口々に祝ってくれた。当時、私は都立高校非常勤講師という肩書きにもならない身分であった。それであっても鈴木康治先生は満願で私に直接「激」をとばし、本当に心から情熱をたぎらせ祝ってくれた。愛情は実に深い。誠にこころにジーンと来るものがあった。嬉しかった。そうしたある日の人生で最上の日を鮮明に思い出す。このことは私の将来に懸けた学問研究者の旅立ちと宣誓のような一面を表し、晴れの舞台に立った初めての体験であった。出席者は八一名であった。正直言って、還暦を一年前に迎え六〇年の生涯を振り返って見たとき、この時ほどある意味では感動感激した瞬間はなかったようにも思われる。

それから五年後に『親鸞と恵心尼』（晃洋書房）、一年後は『親鸞　覚如　才市』（同上）と続いた。その後長いブランクがあり、一三年後にして筑波大学から親鸞に関する他力念仏思想とキリスト教との比較研究で文学博士の学位を取得することができた。それから三年経って、審査に合格した四部構成の提出論文の一部を除き他三部はそのままの形で『鎌倉期念仏思想の研究』（永田文昌堂）と題し運良く出版することができた。これで私のライフ・ワークが一冊に纏まった本の形で実現化された訳で、一応の目標・目的を達成したと思えた。

しかし、それでも私は何か満足できなかった。そこで今新たにこれまでのような固定的考え方にとらわれることなく、もっと現代人が切実に求める重要な課題に目を向け、また、即した、自由な発想と着眼を意識して、創造的独創的視点からこのような題の本を公刊することになった。それまでに私は、親鸞という偉大なる宗教思想家の大きな森の中にいて、ただひたすら部分部分を興味に合わせて研究してきた自分であった。だが今回はそうした全体の森から抜け出し距離を置いて、森全体を一つとして眺めた。それは剣道で言えば、目付けにあたる。すなわち、目の付けどころである。根本的には、一定の部分に固着せずに、相手の頭上から爪先まで、全体的に〝遠山を見るように〟して、相手の全意図を正確に察知する。この理を〝茂った木々の一葉一葉に注視せず、大きく全体をみるようにせよ〟とも教え、「遠山の見」「観・映・見の三視法」を説いている。

ともあれ、他の思想との比較から独自な着想着眼で、しかも現代医療問題を心の原点に照らし、誤りを恐れず思い切って第一章、第二章、それに第五章を一気に書き下ろした。第三～第四章はここ五～六年以内に執筆したものである。

是非、本著執筆にかかるそうした背景と経緯を読者がご理解の上、この書を手にされ、既成の知識あるいは偏見にとらわれない自由な視点から、思い思いの自分の気持ちで読み通して頂けたら著者の望外の喜びである。

明年、二〇一一年は宗祖親鸞聖人七五〇回大遠忌法要を迎える。そのことを始めから意識して本著公刊とした訳ではないが、考えてみればタイムリーにこうして半年前に出し得たのも、阿弥陀様のお働きとご縁だと感じ、有難く感謝を覚える。

最後に、本書の出版を快くお引き受けくれた大学教育出版の佐藤守社長、編集で何かといつもお世話になっている安田愛さんには厚く感謝とお礼を申し上げたい。

二〇一〇年八月七日

新保　哲

親鸞――病・癒し・福祉――

目次

親鸞——病・癒し・福祉——

第一章　慈悲心とは何か——『教行信証』「信巻」から読み解く——

はじめに

親鸞は『教行信証』の「行巻」のはじめにおいて、「『無量寿如来会』（上巻）にいはく、いま如来に対して弘誓をおこせり。まさに無上菩提の因を証すべし。もしもろもろの上願を満足せずば、十力無等尊をとらじ、と。心あるひは常行にたえざらんものに施せん。ひろく貧窮をすくふて、もろもろの苦をまぬがれしめ、世間を利益して安楽ならしめん」[1]（異訳『大無量寿経』には次のように述べられている。——今私（法蔵比丘）は、如来に対して、誓いを立て、最上の悟り、すなわち仏の悟りをひらくべき日に、もしも、すぐれた願を成就することができなかったならば、十種の尊い智慧をそなえた比類のない仏とはなるまいと思う。ことによったら、その心が弱くして常の仏道修行には堪えられないようなものには、名号を授けるし、功徳や善根に貧しい者たちを広く救って、いろいろの苦を免《まぬが》れさせてやり、世間の人たちに利益を与えて、安楽な身分にしてやろう[2]。）と述べている。

また、同じく『行巻』の別箇所では、「つねに諸仏をよび諸仏の大法を念ずれば、必定して希有の行なり。このゆへに歓喜《かんぎ》おほし」として『十住毘婆沙論』の言句を引用して語っている。ここでの「希有の行」とは一言でいって南無阿弥陀仏の大行をいうわけだが、そこには心が多くの歓喜をえるとして「心おほきに歓喜す」と記している。そこでいうところの「希有の心」とは、また「念仏の心」のことを指している。しかして、「ただよく念をかけてやまざれば、さだめて仏前に生ぜん。ひとたび往生をうれば、すなはちよく一切諸悪を改変して大慈悲を成ぜん」としている。また、歓喜とは「初果の究竟して涅槃にいたることをうるがごとし。菩薩この地をうれば、心つねに歓喜おほし。自然に諸仏如来の種を増長することをう[3]」とも親鸞は『論』の言葉をもって解き明かす。そして歓喜地となづく場合、その意味は菩薩が煩悩に汚されぬ悟りの智慧の一部を証し、初めて聖者になった位（五十二位中の第四十一位〈十地の初〉）に当たり、この位に至れば必ず仏になることが定まり、喜びが多いことから、初地、初歓喜地とも称する訳なのだ。したがって浄土真宗では信心を得た往生すべき身と定まった人になぞらえる。

そこで人間には「生老病死」という四つの根源的な「苦」が常に身に付いてまわることは周知の如し。この四句の病に関した「苦」に対して、最先端医療そしてその優れた効果を現す技術は尊いとしても、その目標は「心の救い」「心の癒し」に向けられており、四苦を取り除く慈悲の行にあると考える。そして慈悲とはこころに思うような観念的な気持ちの問題にあるのではなく、身体を言葉で、つまり慈悲の〈和《わ》顔愛語《げんあいご》〉でもって表すことが大切なのである。

四十八願

たとえば親鸞はそのあたりのことを「信巻」で『無量寿経』ならびに『無量寿如来会』（『無量寿経』の異訳、唐の菩提流支訳）を引用して説いている。ちなみに一言補足を加えると、この『無量寿経』は親鸞思想においては聖典中の聖典ともいうべき最重要な念仏救済往生を説く論証根拠になるものである。すなわちそこでは阿弥陀仏の四十八願が説かれ、日本の浄土教に大きな影響を与えた経典である。釈尊がマガダ国の首都王舎城の耆闍堀山《ぎじゃくくつせん》（現在のラジギール付近）において阿難や弥勒などを聴衆として説かれたものとされ、親鸞は『無量寿経』を出世本懐《しゅっせほんかい》の経典（釈尊がこの世に出現したのはこの経を説くため）とし、真宗では立教開宗の根本経典とする。中国曹魏の康僧鎧《こうそうがい》の訳とされる。上下二巻よりなり、上巻には阿弥陀仏の浄土の因果、つまり浄土ができた訳、法蔵菩薩が四十八願をたて、十劫の昔にそれを成就して阿弥陀仏となったことが示され、下巻には衆生往生の因果、つまりどんな人でも往生できる念仏往生観が説かれている。さらにいえば、親鸞の『教行信証』「教巻」には「それ真実の教をあかさば、すなはち『大無量寿経』これなり[4]」とあり、また、「如来の本願をときて経の宗致（中心思想、肝要な主旨）とす。すなはち仏の名号をもて経の体（全体を一貫する主質主体）とするなり[5]」とある。ではその一文をここに挙げて示そう。

虚偽諂曲《こぎてんごく》の心あることなし。和顔愛語《わげんあいご》にして、こころをさきにして承問す[6]。
（いつわり、へつらう心がなく、顔はおだやかで、言葉やさしく、人の心をよく察し、その気持を汲《く》んで問いたずねる[7]）

もろもろの衆生にをいて、つねに愛敬《あいぎょう》をねがふこと、なを親属のごとし。乃至その性、調順にして暴悪あることなし。もろもろの有情にをいて、つねに慈忍《じにん》の心をいだいて詐諂《さてん》せず、また懈怠なし。善言《ぜんごん》策進《しゃくしん》して、もろもろの白法をもとめしめ、あまねく群生のために勇猛にして退なし。世間を利益せしめ大願円満したまへり、と。(8)

(すべての人に対して、ちょうど親族に対するように、つねに愛情と尊敬を払うことを願いとされた。中略。そのひととなりはおだやかでよく調和がとれ、粗暴なところがない。すべてのものにつねに慈悲と忍耐の心をいだき、いつわりへつらうことがなく、またなまけることもない。正しい言葉をかけ力づけて、さまざまな善事を求めさせ、広く世の人々のために勇猛心をふるい起こして退くことがなく、世間に利益を与え、広大な誓いをなに一つ欠けることなく成就されている。略出。(9))

今見てきたように、それには相手を安心させる態度、真に優しい言葉、相手の苦を共にし、同慈、同悲へと招いてやる仏教介護のこころがあるはずである。以上、そうした観点に立って親鸞思想においては〈大慈大悲〉がいかに理解されているかを諸引用文をもって確認しておきたい。

「慈心」はつねに利事をもとめて衆生を安穏《あんおん》す(おだやか、安らかなこと、無事)。……慈に三種あり(10)(補記:それは衆生縁の慈悲(相手を実体視して起すいつくしみ)と法縁の慈悲(無我の真理に則って起こすいつくしみ)、無縁の慈悲(あらゆる差別を超え分別をはなれた絶対平等のいつくしみ)の三種があり、またそれは小悲・中悲・大悲ともいわれる)「行巻」

また、「行巻」の冒頭部分の書き出しに戻ってみると、そこには、つつしんで往相の廻向を按ずるに、大行あり、大信あり。大行といふは、すなはち無礙光如来のみなを称するなり。この行は、すなはちこれ、もろもろの善法を摂し、もろもろの徳本を具せり。極速円満す、真如一実の功徳宝海なり。かるがゆへに大行となづく。しかるに、この行は大悲の願よりいでたり。[11]

（つつしんで、如来の恵みによって与えられた、浄土に生まれるすがた（往相回向）について考えてみると、それには大行と、大信とがある。この大行とは、無碍光如来のみ名を称《とな》えることである。この行は、そのままで、さまざまな正しい行いをそのなかに収め、さまざまな功徳のもと（徳本）を具えているとともに、それらを、きわめてすみやかに、しかもあますところなく与えるものである。したがって、それは、一切のもののありのままの真実のすがた（真如）としての、絶対不二にして真実（一実）の功徳をたたえた宝の海である。だから、これをとくに大行と名づける。ところが、この行は、すでに如来の広大な慈悲によって第十七願のなかに誓われている。[12]）

と記している。つまり真宗の行は言うまでもなく無礙光如来の御名《みな》を称する念仏行を表す訳だが、その御名にはすべてのもののままの在り方は分別をはなれた、いわば差別的な相を超えた唯一絶対な真実であることを。そして名号には宝の山のような功徳が海のように具《そな》わっているというのである。その大悲の願とは、四十八願――阿弥陀仏が仏となる前に法蔵菩薩とよばれていたときに衆生済度（生きとし生けるものを救うこと）を願ってたてた四十八の願を指す。浄土門では、この四十八願を指して本願という。一般に「弥陀の本願」あるいは単に「誓願」と言われるものがそれである。[13]――の第十七願である。これは『仏説無量寿経』（上巻。別に『大無量寿経』）に次のように記されている。

十七、諸仏称揚願（諸仏称名願）たとひ、われ仏をえたらんに、十方世界の無量の諸仏、ことごとく咨嗟《ししゃ》して、わが名を称せずば、正覚をとらじ[14]。

（もしわたしが仏になることができたとして、十方一切の世界の量り知れない多くの仏たちが、こぞってほめたたえて、わたしの名を称するのでなければ、わたしは仏のさとりを開くまい）

王本願――三願転入

そして、それにつづいて〈大信〉としての「念仏往生の願」が誓われる訳である。これに関し『浄土三経往生文類』の冒頭には、

大経往生（十八願）といふは、如来選択の本願、不可思議の願海、これを他力とまふすなり。これすなわち念仏往生の願因によりて、必至滅度（必ず悟ることができる）の願果をうるなり。現生に正定聚（悟りをひらくことが決定づけられている）のくらいに住して、かならず真実報土（法蔵菩薩の願と行とにむくわれて建設された真実の浄土）にいたる。これは阿弥陀如来の往相廻向の真因なるがゆへに無上涅槃（この上ないさとりの境地）のさとりをひらく。これを『大経』の宗致《しゅうち》とす[15]。

とまで語り、最大限に親鸞は王本願・選択本願の枢要なことを強調し、阿弥陀仏の名を唱える者をすべて救うと誓った第十八願の絶対他力の信心の依りどころとしている。ここに取り上げられる〈正定聚〉のキーワードは親鸞思想の最も肝要な語として理解できる。正しく現世にあってその中で浄土に往生することが定まった位というか境地を意味しており、浄土往生信仰の最も主要な、阿弥陀仏の本願に相応した念仏功徳の相を語る重要概念の一つである。簡潔に言えば、この現世にあって、煩悩を断じないまま涅槃を

得る、つまり即往生が得られると解釈する親鸞が行き着いた他力信仰の本質を指している。言い換えれば、『末灯鈔』（親鸞晩年の自らの体験内容を記した法語と各地に散在する親鸞の消息（書簡）を収録編集したもの）に「真実信心の行人は摂取不捨のゆえに正定聚のくらいに住す。このゆえに臨終まつことなし。来迎たのむことなし[16]」と言い、『浄土文類聚鈔』（『教行信証』の精要を略述したもので、本鈔はわずか五経・二論・五祖の釈を引くに過ぎず、かつ「化身土巻」に対応する部分がない。いわば安心に重点をおき説いている）に「（私釈）聖言あきらかにしんぬ。煩悩成就の凡夫、生死罪濁の群萌、往相の心行をうれば、すなはち大乗正定の聚に住す。正定聚に住すればかならず滅度にいたる。［かならず滅度にいたれば］すなはちこれ常楽。常楽すなはちこれ大涅槃。［大涅槃］すなはちこれ利他教化の果[17]（他を悟りにみちびくためにはたらく地位。八地以上の菩薩の位とする）」とも。またさらに『浄土和讃』には「安楽国をねがうひと、正定聚にこそ住すなれ、邪定不定聚（十九願と二十願の機）くにになし（安楽国にいない意）、諸仏讃嘆したまえり[18]」とも述べている。往生は死後に期すべきか、否、現生（世）における証果のなかにこそあるとする二様の見方をどちらに選ぶかについて、親鸞は現生（世）にあり、したがって現世往生・現生正定聚・現生不退に立脚点を見いだし現実に立場を定めて考えている。

ところで十八願の詳細な親鸞の解釈は『尊号真像銘文』（親鸞の著述。一巻。略して「尊号銘文」という。真宗の本尊である阿弥陀仏の尊号および先師の影像（肖像）に付した讃銘の文を集めて注釈を加えたもの）の巻頭に記されているのでここでは譲ることにする。そこで親鸞の本願他力思想で重要なのは三願転入である。それはまず十九願に入り、つづいて二十願にゆき、最後に十八願に廻入するという説である。要するに十八願が終着駅である。

『教行信証』の「行巻」で「正信念仏偈」（真宗の綱要）に当たる所で次のように開陳している箇所が窺える。

おほよそ誓願について真実の行信あり、また方便の行信あり。その真実の行願は諸仏称名の願なり。その真実の信願は至心信楽の願（第十八願をさす）なり。これすなはち選択本願の行信なり。その機（教えをうけるべき対象）はすなはち一切善悪大小凡愚なり。往生はすなはち難思議往生（凡夫が思いはかることのできない真実の浄土往生。第十九願と第二十願の難思往生に対する）なり。仏土はすなはち報仏報土なり、これすなはち誓願不可思議一実真如海なり[19]。

（およそ、阿弥陀仏の誓いには、真実の行と信とがあり、また仮に設けた方便の行と信とがある。このうち、その真実の行を誓われた願は、第十七の「諸仏称名《しょぶつしょみょう》の願」であり、その真実の信を誓われた願は、第十八の「至心信楽《ししんしんぎょう》の願」である。これこそは、如来が選び取られた本願の行と信とである。

この願に救われる人は、すなわち善人や悪人、大乗や小乗を奉ずる世間一般の愚かな人たちすべてであり、その浄土に生まれるすがたは、難思議往生であり、浄土は報身仏の報土である。これこそは思いはかることのできない誓いの不思議であり、すべてを包容する唯一絶対の真実のすがた（一実真如海）である。すなわち、『大無量寿経』が表すその本旨であり、他力の真の心を正しく捉えた意趣なのである[20]）

そして最後に終文として「『大無量寿経』の宗致、「他力真宗」の正意」と記している。ちなみに、そうした十八願、すなわち「大経往生といふは、如来選択の本願、不可思議の願海、これを他力ともうすなり。これすなわち念仏往生の願因によりて、必至滅度（必ず悟ることができるの意）の願果をうるなり。現生に正定聚のくらいに住して、かならず真実報土にいたる。これは阿弥陀如来の往相廻向の真因なるがゆへに無上涅槃のさとりをひらく。これを『大経』の宗致とす[21]」と親鸞が『浄土三経往生文類』に確信し絶賛して語るところの第十八願の本文内容を掲げここで改めて理解しておこう。

念仏往生の願・往相廻向　設ひわれ仏を得たらむに、十方衆生、心を至し、信楽してわが国に生れむと欲《むも》ふて、乃至十念せむ、もし生れずば、正覚を取らじと。ただ五逆と正法を誹謗せむをば除く[22]。

（もしわたしが仏になることができたとして、世に生を受けた、十方のすべての人が、真心（至心）から信じ喜び（信楽）、わたしの国に生まれたいと望んで（欲生）、ないしわずか十遍でも念仏（十念）するなら、そしてもしそれで生まれることができないのなら、わたしは仏の悟りを開くまい。ただ、五逆の罪を犯したものと、仏の教えを誹謗するものとは、救いの対象から除く[23]）

五逆罪と親鸞の解釈

前記の「五逆と正法を誹謗せむをば除く」という親鸞の私釈・解釈は一体どうであったかを問うことは親鸞思想における根幹的問題に触れる重要な点であるので、簡単にそれについて言及しておきたい。親鸞が晩年八三歳に解釈をほどこした一書『尊号真像銘文』には「『唯除五逆誹謗正法』といふは、唯除といふは、ただのぞくといふことば也。五逆のつみびとをきらい、誹謗のおもきとがをしらせむと也。このふたつのつみのおもきことをしめして、十方一切の衆生みなもれず往生すべしとしらせむとなり[24]」（「唯除五逆、誹謗正法」というのは、「唯除」は、ただ除く、という言葉である。五逆の罪を犯した人を嫌い、仏の教えを誹《そし》る重い罪を知らせようというのである。この二つの罪の重いことを示して、十方のすべての人々がみな洩《も》れることなく、往生できるということを知らせようというのである[25]）、と解釈している。またもっと若く四〇～五〇歳代頃に著された『教行信証』の「行巻」では「正信念仏偈」中に「よく一念喜愛の心を発すれば、煩悩を断ぜずして涅槃をうるなり。凡聖逆謗《ぼんしょうぎゃくほう》（凡夫や聖者や五逆を犯した罪人・重罪人や正しい教えをそしる者の意）ひとしく廻入すれば、衆水、海にいりて一味なるがごとし」と記すごとく、「往生の要には、如来のみなをとなふるにすぎたることはなしと也[26]」（『尊号真像銘文』）という訳で、凡聖逆謗の凡夫、聖者、逆悪、謗法の一切を例外なくもらさず、いわゆる功徳大宝海水に廻入され一味和合され救済間違いないと親鸞は説くのである。そうした解釈上の言及は本書に限らず随所に多く拝見される。同じく「行巻」の「海の釈」に相当する箇所では「「海」といふは、久遠よりこのかた、凡聖所修の雑修雑善（自力をたのんで修する様々な善）の川水を転じ、逆謗（逆は五逆、すなわち人間の犯す最も重き五の罪。たとえば小乗の五逆は、①父を殺す、②母を殺す、③阿羅漢を殺す、④僧の和合を妨げる、⑤仏身より血を出す。大乗の五逆は、①塔をこわし、経蔵を焼き、三宝の財宝を盗む、②仏の教えをそしり、聖教を粗末にする、③僧侶を責め使う、④小乗の五逆に同じ、⑤因果の道理を信ぜず、十の不善の行をする）門提（断善根、信不具足、極欲などと訳され、成仏する因をもたない者を指す）恒沙無明（煩悩による迷いの世界）の海水を転じて、本願大悲智慧真実恒沙萬徳の大宝海水となる、これをうみのごときにたとふるなり」と具体的に詳しく私釈している。まさにこの「海」「海水」「大宝海」「願海」「徳海」等とは大乗仏教とりわけ阿弥陀仏の世界を象徴して譬えをもって説き明かしているのである[27]。

今もう少し親鸞の著述をもって例証すると、たとえば『教行信証』の冒頭部分の総序、すなわち「顕浄土真実教行証文類序」の書き出しには「ひそかにおもんみれば、難思の弘誓は難度海を度する大船、無礙の光明は無明の闇を破する慧日（弥陀の智慧のあきらかなことを太陽に譬える）なり。しかればすなはち、浄邦縁熟（浄土教が解き明かされるに適した条件や環境がそなわり時機がきたことの意）して、調達（提婆達多）、闍世（阿闍世）をして逆害を興ぜしむ。……ひとしく苦悩の群萠を救済し、世雄（釈尊）の悲、まさしく逆謗闡提をめぐまんとおぼしてなり。かるがゆへにしりぬ。円融至徳の嘉号は、悪を転じて徳をなす正智、難信の金剛の信楽は、うたがひをのぞき証をえしむる真理なり」(28)と多彩な言葉を用いて解き明かしている。

ここでまた「五逆」の論点に戻って論述したい。この五逆とは最も重い罪悪行為とされ、これを犯した者は命終の後ただちに地獄行きの救い難い類に属す。だから、『無量寿経』には、法蔵菩薩が四十八願を立て一切衆生の救済を誓ったことが述べられ、但し書、抑止の文として第十八願の結末に「ただ五逆と誹謗正法せむおば除く」と銘記されている。（サンスクリット原典では十八願にはなく、十九願にある）。一方、『観無量寿経』では一体どうなっているのか。そこには別の見解・解釈が見られる。すなわち、五逆の重罪を犯した者も、十念の念仏の力によって浄土に往生することを得ると説かれている。五逆の罪は本願から除かれるのか、それとも摂取されるのかという点について判断が分かれる所だが、それは古来浄土教研究者の中で論議されてきた。曇鸞の『浄土論註』には、『無量寿経』が「除く」と述べているのは五逆と誹謗正法とを一緒にしているからで、『観無量寿経』の説は五逆のみを犯した者を摂取することを示したもので、五逆よりも謗法の罪の方が重いとしている。

しかし、浄土教の本義からいえば一切衆生の救済にこそあるのであり、親鸞の悪人正機の自覚からすれば、自己は五逆も謗法も犯しかねない人間の五濁悪世にあって、しかも罪悪深重・煩悩具足の凡夫の身にては自己は五逆も謗法も犯す人間の宿業をもっている。したがって何らかの形で救済に条件が付けられるのは真実の教えであるとは言えない。そこで善導は『観経疏善義』の中で、『無量寿経』に五逆・謗法を除くと記してあるのは、これらの罪の重大さを知らせて衆生を抑止する意味であり、決して摂取しない、救済からもれるという訳ではないとした。親鸞もまた、『教行信証』「信巻」でそのことを論じ、「難化の三機（教化し救済し難い三種の機類。五逆・謗法・一闡提を言う）、難治の三病（治療できない程の重病人。これらは大乗の教えである本願一乗の教えによってのみしか救われない）は、大悲の弘誓をたのみ、利他の信海に帰すれば、これを矜哀《こうあい》して治《じ》す。これを憐憫《れんみん》して療《りょう》したまふ。たとへば、醍醐の妙薬の一切のやまひを療するがごとし。濁世の庶類の群生、金剛不壊の真心を求念すべし。本願醍醐の妙薬を執持すべきなり[29]」と述べ、いかなる重罪大逆であっても、阿弥陀仏の慈悲・本願力を信受するとき往生を得るものとした。これは画期的・革新的な解釈であり、まさに〈人間為本〉に基づいたコペルニクス的転回思想だと言えよう。

以上、ここまで大乗の大慈大悲の内容について経典を挙げて論考してきた。そのことに関連し、もう一度、要旨要点をまとめる意図で、親鸞が往相・還相の二種廻向に関し経の願文や論を引いて説明した箇所を、石田瑞麿氏の現代語文で示すことで一層分かりやすくし、理解を深めたい。

大悲の要点——聖書が語る愛と対比して

① いったい、如来の真実のお心（真宗）である教えと行と信とさとりとについて考えてみると、これらはすべて如来の大悲のお心がお恵みになったたまものである[30]（「証巻」）。

② 『論註』には、「還相」とは、かの浄土に生まれたのち、心の乱れを払った精神の統一と、正しい智慧をはたらかせた対象の観察と、世を救うための巧みな手だてを講ずる力とを完成して、ふたたび迷いの密林に立ちもどって、一切の人を教え導き、ともに等しくさとりに向かわせるものである。浄土に行くにしても、そこから

還ってくるにしても、いずれも世の人を苦悩から解放して、迷いの生死の海を渡そうとするために与えられたものである。だから、「恵みの心を本として、大悲の心を完成することができたのであるから」といわれたのである。[31]（同右）

③『浄土論』に「慈悲によっているもので、一切の人の苦しみを抜いて、人を安らかにしないいい心を遠ざけるからである」といわれる。

苦しみを抜くことを「慈」といい、楽しみを与えることを「悲」という。「慈」によるから、「一切の人の苦しみを抜き」、「悲」によるから、「人を安らかにしない心を遠ざけている」のである。[32]（同上）

④「出の第五門（この五種は自利のために浄土に入って、利他のために浄土を出る、その順序次第の意）というのは、広大な慈悲によって、すべての苦悩する人々を観察して、それぞれに応じた仮の姿を現わし、生死の庭や煩悩の林にふたたびもどって来て、不思議な力によってここに遊びたわむれ、教え導く境界にはいる。これは、仏の本願の力によって与えられたものであるから、これを出の第五門と名づける」と仰せられた。[33]（「同上」）

⑤仏は光味菩薩につげて、「よく身体を洗い清めく、よごれのない清潔な衣服をまとい、菜食によるとともに昼以後の食事を長く断ち、辛いものや匂いの強いものをたべないようにすることである。静かなところに修行の場を設け、心静かに念じてあなうらを結び（結跏）、あるいは歩き、あるいは坐して、仏の相好を念じて、心を乱れさせてはならない。またこのほかにさらに対象を求めて、ほかのことを念じてはならない。……」といわれた。[34]（「化身土巻」。ここに仏教看護法の具体例が語られている）

⑥『大宝積経』の「無量寿如来会」には、いまみ仏に誓いたり、無上のさとり取るべしと、もしこの誓いかなわずば十力の仏とはならざらめ、萎《な》えたるひとに施さん、貧窮《びんぐ》を救い苦を除き、恵み安楽ならしめん。[35]（「行巻」）

⑦仏は阿難に告げていいわれた。「……その間、当初よりまだ一度も、貪りと怒りと愚痴と、さらにこれら三つ

の煩悩の想いさえも起こしたことがなく、ほかに色や音や香り・味・感触など五官にうったえるものに対する想いも起こしたことがなかった。すべての人に対して、ちょうど親族に対するように、つねに愛情と尊敬を払うことを願いとされた。中略。そのひととなりはおだやかでよく調和がとれ、粗暴なところがない。すべてのものにつねに慈悲と忍耐の心をいだき、いつわりへつらうことがなく、またなまけることもない。正しい言葉をかけ力づけて、さまざまな善事を求めさせ、広く世の人々のために勇猛心をふるい起こして退くことがなく、世間に利益を与え、広大な誓いをなに一つ欠けることなく成就されている。略出[36]。

⑧「※1信楽《しんぎょう》」というのは、阿弥陀仏の完成された大慈悲によって、一切を完全に一つに句融して、なにものにもさまたげられない、利益を与えられる信心の海である。したがって、そこに疑いがまじることはない。だから「信楽」と名づけるのであって、すなわち、世の人に恵みとして与えられる至心が仏の信楽の本体なのである。……この信楽は、すなわち如来の大慈悲の心であるから、かならず、※2真実《しんじつ》の報土《ほうど》に生まれることを決定する直接の原因となるものである。如来は、苦しみ悩む一切の人々をいとおしみ、あわれんで、なにものにもさまたげられない広大な清浄の信心を、さまざまな迷いの世界に回らし施されているのである。これを他力真実の信心と名づける[37]。

※1の信楽とは親鸞の『教行信証』「信巻」に「信楽はすなはちこれ一心、一心はすなはちこれ真実信心なり」とあるように、疑いなく信じ、喜ぶ真実の信心のことを意味する。人びとはこの信楽の一心一念によって救われる。また「真実の信楽、まことにうることかたし。なにをもてのゆへに。いまし如来の加威力によるがゆへなり、ひろく大悲廣慧《だいひこうえ》のちから（救いを求める力すらなき苦悩の衆生にかけられた、如来の大悲にもとづく廣大な本願の智慧力の意）のちからによるがゆへなり」とあり、さらにまた「信楽」といふは、すなはちこれ如来の満足大悲、円融無礙《えんゆうむげ》の信心海なり。……かるがゆへに「信楽」となづく。すなは

ち利他廻向の至心をもて信楽の体とす」とある。すなわち如来の衆生に差し向けられた大悲を基と成し、仏教の性格をかたるに「人間の宗教」という規定をもっていえば、仏教を「ヒューマニズム」と見て、いわゆる「東洋のヒューマニズム」といえる東洋思想そのものであると捉えられる。

ところでそれは阿弥陀仏の本願力によって与えられたものであるから「願力廻向の信楽」と言い、「「信楽」はすなはちこれ真実誠満（仏の慈悲の真実が衆生の身に満入するの意）の心なり」とも言う。仏が生きとし生ける者達を一切もらさず救おうとする深い広い心にもとづくから「利他深広《りたじんこう》の信楽」、仏の真実心にもとづくから「真実の信楽」とも言うのである。

※2の真実の報土とは衆生済度《しゅじょうさいど》（あらゆる人びとを救うこと）を願って立てた誓願と、それにともなう修行が成就して実現する場で、浄土教では阿弥陀仏の浄土つまり極楽を報土と捉える。親鸞は「それ報を按ずれば、如来の願海によりて果上の土を酬報《しゅうほう》せり。かるがゆへに報といふ。しかるに願海について真あり仮あり。これをもって、また仏土について真あり仮あり、選択本願の正因によりて真仏土を成就せり」[38]（『教行信証』「真仏土巻」）（いったい「報土」ということについて考えてみると、如来の広大な誓いによって、それに応えた報いとして、その果としての浄土が成立したのであるから、「報土」というのである。ところが、如来の広大な誓いには。真実のものと仮のものとがある。だからまた、浄土にも真実のものと仮のものとがあるわけで、選びぬかれた本願を直接の因として「真仏土」が成就しているのである）と、報土のなかでも〈真実の報土〉と〈仮の報土〉の別を説き、これが浄土真実の特色となっている点は注目を要する点である。

同じ浄土に往生するといっても、絶対他力の信によらず、さまざまな雑行とともに念仏して往生する者がおもむくのが親鸞が説く仮の報土である。仏の大いなる慈悲を信じきれずに方便の教えによるゆえに、そうした報土を「方便化土《ほうべんけど》」あるいは「方便化身土《ほうべんけしんど》」という。また、親鸞は真の報土の周辺にあるゆえに「辺地《へんじ》」とも語っている。

とはいえ、すでに真実の浄土にしても仮の浄土にしても、重要な点はみな広大な慈悲の本願に応え、それに報いたものであったから、ともに「報身の浄土」であることが分かったと説き示している。ただ、仮の浄土に生まれるための因は千差万別だから、その浄土も千差万別な訳である。そしてそこでは人の気質や能力（機根）に応じて、化土はさまざまな様相であるとされ、真実と仮との差があることを知らないために人は如来の広大な慈悲・恵みを見失ってしまうのだと言う［聖書の「ヘブル人への手紙」第六章四には「光を受けて天よりの賜物を味わい、聖霊にあずかる者となり。また、神の良きみ言葉と、きたるべき世の力を味わった者たち……」との「光」についての表現が記されている］。

一方、「真実の報土」については『高僧和讃』の中で「信は願より生ずれば、念仏成仏自然《じねん》なり。自然はすなはち報土《ほうど》なり、証大涅槃《しょうだいねはん》うたがはず」（我々の信心は如来の願力による。念仏によって仏になることは、凡夫の思慮分別を離れた仏の願力によっておのずとしからしめられることなのである。そのおのずとしからしめられる自然《じねん》、それがそのまま仏の世界、正しい悟りそのものであり、疑いない！）と、阿弥陀仏の大願がめぐらされておこる信心によって念仏を唱えれば、おのずから〈真実の報土〉に往生できると親鸞は説く。

そこで忘れてならない肝心な点は親鸞は象徴として「光」として受け止めた着眼点である。すなわち、以下、簡単に一言加えたい。「真仏土巻」の最後に近い箇所に親鸞は経・論を引用し次のように説いている。

ここに「真仏」というのは、『大無量寿経』に「果てもない光の仏（無辺光仏）、なにものにもさえぎられない光の仏（無碍光仏）といい、また「仏たちのなかの王であり、光のなかでもっとも尊い方である」（この文章の前に憬興《けいこう》師の『述文賛』より十二光仏を引挙し、この光を身に受けることはすべて、仏の第三十三の「身心柔濡の願」――親鸞の『四十八誓願』にはこれを「摂取不捨の願」と名づけ、その願を「たとひわれ仏を得たらむに、十方無量不可思議諸仏世界の衆生の類、わが光明を蒙《かうむ》りてその身に触れむ者、身心柔濡《にうなん》にして人天に超過せむ。もし尓《しか》らずば、正覚を取らじ」と読んでいる。――がもたらすところである、と抄要している）と記している。

さらに『浄土論』には「帰命《きみょう》尽十方《じゅんじゅっぽう》無碍《むげ》光如来《こうにょらい》」と言えると書きとどめ、そして「真土」というのは、『大無量寿経』に「量りしれない光の浄土（無量光明土）」と言い、また「智慧の土（諸智土）」と言《のたま》えり」と述している。このことは同巻で親鸞が「安養の浄土が真実の報土である（安養浄刹は真の報土なる）」「安楽浄土に至る（安楽仏国に至れば）」と表現する言葉の内容と同意である。

最後に、この箇所の解説はもう一言付加して結びとしたい。すなわち、光明寺の善導和尚は『観経疏《かんぎょうしょ》』「玄義分」において、阿弥陀仏の浄土は、やはり報土なのか、または化土《けど》とするのかと問うと、これは報土であって、化土ではないと答えている。どうして知ることができるかといえば、『大乗同性経』（周の天竺三蔵闍那耶舎訳）に、「西方安楽浄土と阿弥陀仏は、報仏であり、報土である（西方の安楽、阿弥陀仏は、これ報仏報土なり）」と説かれている通りであると親鸞は念を押す。

⑨『涅槃経』には、きみたち。楽を与える大慈と、苦を除く大悲とを仏性と名づける。なぜなら、この大慈・大悲は、影の形にそうように、いつも菩薩につきしたがっているからである。すべての人はいつかはついにこの二つを、かならずうるはずである。だから「すべての人には一人のこらず仏性がある（一切衆生悉有仏性）」と説かれているのである。したがって、この大慈と大悲を仏性と名づけ、仏性をまた如来と名づける。……また、仏性は、※すべての人をたった一人の子を愛するようにあわれむ境界（一子地）と名づけられる。

すべての人をたった一人の子を愛するようにあわれむ境界（一子地）菩薩の修行階位のうち、十地の初め歓喜地の位にある菩薩をいう。一方、キリスト教においては愛の象徴的譬えの物語として、『聖書』「ルカによる福音書」に「そこでイエスは彼らに、この譬えをお話しになった。『あなたがたのうちに、百匹の羊を持っている者がいたとする。その一匹がいなくなったら、九九匹を野原に残しておいて、いなくなった一匹を見つけるまでは捜し歩かないであろうか。そして見つけたら、喜んでそれを自分の肩に乗せ、家に帰ってきて友人や隣り人を呼び集め、『わたしと一緒に喜んでください。いなくなった羊を見つけましたから』と言うであろう」（一五章三〜六）と迷った羊の譬え話が出てくる。

ところで、第一五章には「失った銀貨が戻ったこと」「放蕩息子が帰った喜びのこと」等の譬えの説明もある。その主旨は、神の国を信じ、イエスをして信仰生活の王座につけるなら、「神は愛なり」とされる隣みは限りがない。人は幾度もつまづくかもしれない。しかし顔を主なる神に向けている間は、主はいくどでも赦してくれる。そして神はいかなる苦境にあっても執《と》り成《な》しをしてくれる。イエスがバプテスマを受ける時、天から声があって「これはわたしの愛する子、わたしの心にかなう者である」（「マタイによる福音書」第三章一七）とあるように、またイエスも世の罪人を愛する故に十字架の処刑となって磔の刑にかかったと聖書は語る。まさにイエスは罪人への愛・隣人愛を気づかせ説くためにこの世に現れたという。

たとえば「ヨハネの第一の手紙」（第三章一三～二四）を見ると愛の讃歌で一貫し、多彩な数々の言葉をもって語られていることが分かる。つまりこの手紙における著しい特徴は愛がテーマであることなのだ。そうした言葉を拾い出し列記してみよう。「神は愛から出た」「神は愛である」「愛のうちにいる者は、神におり」「すべて愛する者は、神から生まれた者であって、神を知っている」「愛さない者は神を知らない」「愛さない者は、死のうちにとどまっている」「すべて兄弟を憎む者は人殺しであり」「神を愛していると言いながら兄弟を憎む者は、偽り者である」「われら兄弟を愛するによりて、死より生命に移りしを知る」「現に見ている兄弟を愛さない者は、目に見えない神を愛することはできない」「兄弟が困っているのを見て、隣れみの心を閉じる者には、どうして神の愛が、彼のうちにあろうか」「わたしたちが愛し合うのは、神がまずわたしたちを愛して下さったからである」「愛する者たちよ、わたしたちは互いに愛し合おうではないか」「完全な愛は恐れをとり除く」。

まさにヨハネなる人は愛の使徒と呼ばれるに相応しい人であった。

「愛」改訂訳の love は欽定訳の charity よりさらに良い訳語である。とりわけ「コリント人への第一の手紙」第一三章は聖書全体の中で最も愛読される諸章のうちの一つで、イエスの天的愛の教えに関する不滅の表現であり、キリスト教の最も主要な教えだと言える。

その愛が行為として現れたのがイエスの数々の奇跡だと言えよう。それは仏教と比較すると、イエスが「おおよそ、心からあふれることを、口が語る」（「マタイによる福音書」第一二章三四）ように、「イエスはこれらのことをすべて、譬えで群衆に語られた。譬えによらないでは何事も彼らに語られなかった」（同上、第一三章三四）点、釈尊の説法も全く同様に多彩な比喩・譬えを使った対機説法であった。つまり相手の知的能力、性格、職業、身分、生活環境などを考え、それぞれに応じたことばを選び、話術たくみに相手が理解できるよう心配りをして説法した。そのために日常生活のなかにある種々の事柄を例に挙げて具体的に説法するのが釈尊の特色であった。相手が大工であれば、大工の仕事の内容を譬えにして仏法仏道を説いた。仏教用語で言う応病与薬《おうびょうよやく》がまさに釈尊の説法であった。その点、親鸞が「信巻」で取り扱っている経典の中心は『大乗涅槃経』であり、仏典のなかでこの経ほど多くの譬えを使ったものはない。たとえば「乳と薬の譬え」「四匹の毒蛇の譬え――仏教の身体観」「七種人の譬え――生き方に関する教え」「月の譬え――「ブッダは不滅」の教え」「幼児の譬え」「仙陀婆の譬え」「福の神と貧乏神の譬え」以上、そうした譬え話の中で、「信巻」に取り上げげた大医王とされる釈尊が数々の罪に患った「難治」の阿闍世王を、「阿弥陀仏の妙薬」をもって「如来誓願の薬はよく智愚の毒を滅する」と掲げ、人間の三毒（貧欲・瞋恚・愚痴）や五逆・謗法の者までも救済するのである。主題と成る『涅槃経』には「病気」や「治療」の比喩的用語が数多く使用されていることに親鸞思想の一側面が顕著に窺えるのである。

イエスに戻って、その譬え話に「イエスは答えて言われた、『行って、あなたが見聞きしていることをヨハネに報告しなさい。盲人は見え、足なえは歩き、癩《らい》病人はきよまり、耳《みみ》しいは聞え、死人は生きかえり、貧しい人々は福音を聞かされている。わたしにつまずかない者は、さいわいである」（同上、第一一章四～六）、「すべて重荷を負うて苦労している者は、わたしのもとにきなさい。あなたがたを休ませてあげよう。わたしは柔和で心のへりくだった者であるから」（同上、二八）、「イエスは深くあわれんで、彼らの目にさわられた。すると彼らは、たちまち見えるようになり、イエスに従って行った」（同上、第二〇章三四）、「丈夫な人には医者はいらない。いるのは病人である」（マタイによる福音書、第九章一二）、「イエスは言われた、「『心をつくし、精神をつくし、思いをつくして、主なるあなたの神を愛せよ』。これが一番大切な、第一のいましめである。第二もこれと同様である、『自分を愛するようにあなたの隣り人を愛せよ』」（同上、第二二章三七～三九）、「主の御名によってきたる者に、祝福あれ」（補記：南無阿弥陀仏の御名を唱えると照合）、「イエスは答えて言われた、『……心に疑わないで信じるなら、そのとおりに成るであろう。そこで、あなたがたに言うが、なんでも祈り求めることは、すでにかなえられたと信じなさい。そうすれば、そのとおりになるであろう』」（「マルコによる福音書」第一一章二三～二四）、「イエスは言われた、『このたぐいは、祈によらなければ、どうしても（けがれた霊は）追い出すことはできない』」（同上、第九章二九）、「イエスはこのような多くの譬えで、人々の聞く力にしたがって、御言《みことば》を語られた。譬えによらないでは語られなかったが、自分の弟子たちには、ひそかにすべてのことを解き明かされた」（同上、第四章三三）、「そしてイエスは彼らに言われた、『……信じる者には、このようなしるしが伴う。すなわち、彼らはわたしの名で悪霊を追い出し、新しい言葉を語り、へびをつかむであろう。また、毒を飲んでも、決して害を受けない。病人に手をおけば、いやされる』」（同上、第一六章一五～一八）。

　最後のまとめとしてマルコ・マタイ・ルカの三共観福音書に関しイエスの奇跡について記述しておきたい。たとえば、天使の告知、処女降誕、東の博士たちを導いた星、敵意にあふれている暴民の中を通りぬけたイエス、宮きよめ、変貌、たおれた兵卒たち、磔刑時の暗黒、聖所の幕の裂けたこと、墓が開いたこと、地震、イエスの復活、天使の顕現など、これらの超自然的な事件を別にしても、イエスが行った奇跡は三五度記録されている[39]。

○肉体の治癒：一七度
○超自然の奇跡：九度
○悪霊つきの治癒：六度
○死より甦えらせる：三度

［奇跡の方法］：普通はイエスの意志の働きか言葉によってなされた。時には手を置くか触れるかした。時にはつばを用いた。

［奇跡の目的］：イエスの奇跡は創造力の働きを意味し、「奇跡的誕生、無罪性、道徳的完全性と一致する」。それはイエスの伝道を神が権威づける方法でもあるといえる。「群衆と奇跡」に的を絞って言及すれば、イエスを見ようとして近寄って来たり、彼に従った群衆には二つの動機があった。一つは病人の治癒、他はイエスが救世主（メシヤ）であるという当時イスラエル民族の一般的な期待であった。イエスは、「もし、ほかのだれもがしなかったような業を彼らの間でしなかったならば、彼らは罪を犯さないですんだであろう。しかも事実、彼らはわたしとわたしの父とを見て、憎んだのである」。（「ヨハネによる福音書」第一六章二三）と語った。要するに一言で集約していえば、奇跡は、イエスが神から来た証拠・証しであり、苦しむ人類への憐みの発露であった。したがって、「ヨハネによる福音書」は「わたしのいましめは、これである。わたしがあなたがたを愛したように、あなたがたも互いに愛し合いなさい」（一五・一二）と語る通りである。

また愛についてはこのようにも語られる。「愛には偽りがあってはならない。悪は憎み退け、善には親しみ結び、兄弟の愛をもって互いにいつくしみ、進んで互いに尊敬し合いなさい」（「ローマ人への手紙」第一二章九～一〇節）、「互いに愛し合うことの外は、何人にも借りがあってはならない。（補記：逆に理解すれば、真実な慈愛から生まれる愛ならばいくら借りがあってもよいことになる）人を愛する者は、律法を全うするのである。「姦淫するな、殺すな、盗むな、むさぼるな」（補記：モーゼの十戒の一部）など、そのほかに、どんな戒めがあっても、結局「自分を愛するようにあなたの隣人を愛せよ」というこの言葉に帰する。愛は隣り人に害を加えることはない。だから、愛は律法を完成するものである」（同上、第一三章八～一〇）、「愛する者たちよ、わたしたちは互いに愛し合おうではないか。愛は、神から出たものであって、神を知っている。愛さない者は神を知らない。神は愛である。神はそのひとり子を世につかわし、彼によってわたしたちを生きるようにして下さった。……神は愛である。愛のうちにいる者は、神におり、神も彼にいます。……現に見ている兄弟を愛さない者は、目に見えない神を愛することはできない。神を愛する者は、兄弟をも愛すべきである。この戒めを、わたしたちは神から授かっている」（「ヨハネの第一の手紙」第四章七～二一）、「神はそのひとり子を賜わったほどに、この世を愛して下さった。それは御子を信じる者がひとりも滅びないで、永遠の命を得るためである」（「ヨハネによる福音書」第三章一六。以上、比較参照）。

さらにいえば、先にも挙げた愛の讃歌として最も親しまれる「コリント人への第一の手紙」第一三章全文に唱われている内容文に窺える。初代キリスト教「讃美歌」の一つであったろうと考えられる程に最も愛読愛唱された手紙（書簡）であった。その文脈の一部のみを記すと、次のようにある。

たといわたしが、人々の言葉や御使たちの言葉を語っても、もし愛がなければ、わたしは、やかましい鐘や騒がしい鐃鉢《にょうはち》と同じである。……愛は寛容であり、愛は情深い。また、ねたむことをしない。……愛はいつまでも絶えることがない。……いつまでも存続するものは、信仰と希望と愛と、この三つである。このうちで最も大いなるものは、愛である。

医宗一如——菩薩道としての医療行為

以上の論考をふまえ、次に慈悲心を「仏道」として捉え、菩薩道としての医師が人の身心を治療し、病を癒す行為に近づけ結びつけて、さらには仏・菩薩の下にある医師の医療行為が実は衆生の痛み苦悩を取り除く菩薩道にも似た生命を預かる尊い慈悲的救済活動と見て、論旨を総括しまとめてみたい。

まずはじめに「医宗一如」の理想の観点から考えてみたい。その考え方の根底には、宗教と医学の一体化によってはじめて人間の全体的健康が実現するという大いなる普遍的テーマの発想があるからである。

たとえば宗教の側から「宗教信仰」を捉えれば、身近にある仏教の観音信仰があげられる。観音、正しくは観世音菩薩は、よく知られているように慈悲・愛の権化であり、仏教の衆生済度の象徴そのものである。この菩薩はキリスト教における聖母マリアと同じ性格をもって崇拝されるが、宗教の究極の目的が人間の苦悩を救うことが第一とすれば、いかなる宗教も例外はなく明確な救済機能を具えていなければならないと言えよう。したがって、仏教にたとえれば救済機能は観音様の働きに顕著に表されていると見てとれよう。『観音経』はそのことを「観音は妙なる智慧の力を具え、よく世間一般の衆生の苦しみをことごとく救い取る」（「観音妙智力　能救世間苦」）と実に端的に語ってくれている。

そもそも観世音（観世音菩薩）とは世間の衆生が救いを求める苦痛の音声を聞くと直ちに救済するとい

う意味がある。観自在とは一切諸法の観察と同様に衆生の救済も自在という意味がある。さらに救いを求める者の姿に応じて大慈悲を行ずるから千変化の相（たとえば千手観音の姿となって一瞬にして千もの数多くの悩み願い事をかなえるという意が解釈されていく）となるというのである。そのことについてもう少し詳しく話しておこう。梵語では「アバロキィティ・イーシュヴァラ」の訳は観世音菩薩と観自在菩薩との二つにわかれる。そこで「音」という意味がある方を重視すると、「世間（悲しみ）の声（音）に共鳴（観）する菩薩」という訳になる。一方、自由自在の意味があるとみる空を説く『般若経典』では、「自在（空で一切こだわりがない）だから真理に共鳴（観）する菩薩」という訳になったと考えられるのである。

観音菩薩のお経は「妙法蓮華経。観世音菩薩。普門品　第二十五」が有名であるが、浄土教の『観無量寿経』では、勢至菩薩とともに阿弥陀如来の脇侍として死者の迎えにくる仏でもある。要するに、それは阿弥陀如来の光明を、勢至菩薩が智慧で照らし、観世音菩薩が慈悲で救い取る、という役割を持っている。したがって阿弥陀三尊とはこの三位一体の仏様を指して言っている訳である。そこで先に掲げたお経の中の、「妙音、観世音、梵音、海潮音、勝彼世間音」は「人知を越えた不思議な働きの声があり、世間の悲しみに共鳴する声であり、得も言われぬ清らかな声であり、海の潮鳴りのようにすべてを包み込む大きな声であり、世間のすべての価値より優れた声である」というように身近に捉えて訳せようか。と同時にそれは仏教に取り入れられる以前の名前が「あらゆる方角に顔を向けた神」だった意味からして、「いつでも、どこでも、だれでも、あなたの側にいますよ」ということばが微かな声で聞こえてくるようでもある。そのことは末期ガン患者がベッドの中にいても、自殺したいときでも、離婚の危機の中でも、人生の壁にぶつかって煩悶しもがいている中であっても、あなたが振り向けばそこに私はいますから、決して私を忘れてはいけません、という呼び掛けの観音様の声に違いない。ちなみに観音の造型、その名前は数多くあり、たとえば六観音、七観音、三十三観音、十一面観音、千手千眼観音など、その救いの方法はさまざまである。

要するに、困りはてて祈りつづければ、直ちにこれに感応して救いの働きを示す観音である。その愛とは無限である。千手観音・千眼観音とはまさにそのことを象徴的に言語表現している。したがって観音を信奉する者は、当然他者の苦に接し応じて慈悲・愛を行じないではいられなくなるのである。否、もっと正確にいえば、愛の実践はいかなる宗教を信仰信奉していても可能である。なぜなら、救いの根源としての慈悲と愛を説かない宗教は、この世に存在しないし、またそうでない宗教とは宗教の名に値しないからである。

愛の実践を医療現場に実現するとき、そこに何が生じるであろうか。そこには人間のこころの通った温かい医療を患者のだれもが教えなくとも感ずることだろう。たしかに現在の日本の病院に関していえば、都会では最新の機器と最先端の医療技術を駆使して、一人ひとりの病状を的確に把握し、かつ迅速に適切な処置をすることだろう。それが大病院の良さでもあり使命であろうから。しかしその前に、人間は肉体的身体的部分が病むことによって人間全体が、つまり身も心も病むそうした全人格的存在だという現実認識、事実に注目する必要があるのではなかろうか。つまり身を見てこころを見ない医師、身体的病巣部分にこだわって人格をもった一個の人間全体を見ない医師、あるいは全体をないがしろにする病院であってはならない。しかし最近ではすでに西洋医学を絶対視する立場から一歩も二歩も離れ、東洋医学の良さ、また「治療は愛であり祈りである」と捉え療養形病院医療のホスピスに力を入れだしてきたところも窺える。そこには「こころの通った医療」実現のために日々努力を続け、医療と宗教を結びつけた療養施設があちこちに目立ちはじめ、そして「心身全体」を対象とする医学の実現達成には何が必要かを真剣に模索している現状がある。たとえば二例を挙げれば、①として患者を尊重し、病状などの情報を適切に伝えることの意味深さがある。そのことに関し簡単に説明しておく。

今日の医療の現場では、患者が何を求めているか。どこに問題があるか。つまり患者のニーズを正しく知り、患者の身になって応えていかなくてはならない、と医師自身が言い始めている。一言で言ってインフォームド・コンセント（informed consent）である。直訳すれば、それは「知らされたうえでの同意」であり、日本では一般的に「説明と同意」と訳されている。具体的には、「医療者は患者の病気について詳しく説明したうえで（インフォームド）、その治療法について患者と話し合い、患者の同意承諾（コンセント）を得たうえで治療をすすめていく」ということにある。そこには医者の医療行為において、生命倫理の基礎である「医師と患者のあるべき平等な関係」が唱われており、一言で言って「患者と医療者のあいだが平等」だということである。いままでは医療者が一方的にやっていればよかったのだが、いまは医療行為のなかに患者が参加してきている。つまり患者は自分の病状について、検査や検査法の実際について、くわしい情報を知る権利と、その検査の治療を受けるか受けないかを決定する自己決定権をもつようになってきている。時代の流れとしては、自分の健康や生命に関することは医者まかせにしないで、できるだけ自分で決定していこうという方向にすすんでいる。と同様、医療に対する医療者の側の考え方も変わってきている。言い換えれば、患者が自己決定権を行使するには、みずからの病状を正確に把握することが大切である。そして治療に関してどのような選択があるかを理解することが最小限必要である。しかし現実問題、この要件を満たすには多くの困難がある。つまり医師の側から言えば、まず現代医学の高度で専門的な内容をどのように医学知識のない患者に正確に説明するのか、という問題がある。しかも正確さだけでなく、患者の症状に悪影響を与えないように配慮し、希望を失わせないようにしながら必要な情報を伝えなければならない使命がある。

　先に関連した問題に付加すれば、日本のホスピス（Hospice）運動は、主としてキリスト教を信じる医師や看護師、教職者によって始められた歴史があるが、やがて仏教者とりわけ浄土宗や浄土真宗の側からはビハーラ（Vihāra、これは建物を指していうのではなく、いわゆる心豊かに充実した生を送れるように、いわば「よく生きる」ために行う援助の総称である）運動の展開に至っていることは特筆に値する。

　そして先の①に続いて②は、医療の質の基盤となる「ケア」の大切さを挙げることができる。「温かい医療」「こころの通った医療」を実現するためには、患者を、そのこころを、その感情情緒を尊重することとケアが密接な関連があり、大切であることは言うまでもないからである。究極のところ、治療は愛であり祈りでもあると考える。その視点から言えば、医療行為者に愛と祈りのこころが真に具わっていれば、患者の尊重もケアもごく自然に行われると思う。そして現代医療の最先端の諸問題も解決へと向かって進むといえよう。生身の人間である以上、病は決して避けられない。いかに科学技術が発達しても、あらゆる存在は老いと病から完全に自由になることはありえない。最後は万人に平等に死がおとずれる。だが、科学技術が発達し医学と医療技術の格段の進歩のおかげで、病を得ても一時的にしろ生命は継持された状態につなぎ止めることが可能な時代になった。そしてわが国は世界でも一、二位の長寿国となった。そうした老人大国の社会で真に必要なのは、単なる医療技術の向上や効果ではないことは言うまでもない。

もっとも大事なのは「治してあげたいとの一念で祈りの心境にも近い気持ちで医療行為をする」一人ひとりの医師のこころの問題だと考える。つまり祈りと思いやりのある慈悲のこころをもった医師である。いかに医術に秀でた医師でも、愛と祈りの欠如した治療を施す限り、患者の苦痛を心底癒し幸せにすることは少ない。要するに人間は心身一如、霊肉一体の存在であり、健全な人間存在の在りようから考え直す必要があるわけなのだ。だからそうした面からの配慮を欠けば満足しないように人間は本来できていると考えられる。そうであるとすれば、高齢化社会の現到来を含めて、現代の医療に求められるのは、まさに心身一如、自他一体の理想の実現化に他ならないだろう。その実現のためには宗教や哲学だけでは不十分であり、また医学と技術のみではない。そこに両者の総合である「医宗一如」が必要とされるのである。

なお、補足的に生命倫理の立場から〈医療と個人〉についてここで一言触れたい。すなわち医療の本来の目的は病気や障害の診断、治療予防にある。したがって、健康という概念で言えば、健康の回復または意義が医療の目的である。しかし、その回復が不可能となった場合には、病苦を軽減することによって、患者が価値ある生を送り、安らかな死を迎えることができるように一生懸命に協力することが、医療また医療関係者の使命・責任になると言える。健康の増進も当然医療の目的に含まれるが、これはより多く個人の責任と努力にゆだねられるべきものであり、その医療の関与は限定されたものであり、また限界もある。特に治療によって生き甲斐のある生が継続することが望ましい姿である。したがって、こと治療法の決定にあたっては、医師の立場から判断するだけでは十分ではないことは論を待つまでもない。むしろ患者がみずからの生活状況を踏まえ、みずからの人生観と価値観に基づいて下す判断が何よりも尊重されなければならないと考える。医療を非人間的にしないためには医師や医療関係者と患者とのコミュニケーションがより大切となる。つまり人間同士の信頼関係を基盤にして行われることがまず不可欠である。特に医師と患者側の近親者などとの相談も必要な場合も考えられよう。

そこで繰り返しになるが、医療の役割は何かと問えば、医療の根本には人間の生命の価値そして尊厳の尊重があると答えられる。医療に第一に要求されるのは、人間を病気や障害から救い、健康と生命を維持させることにある。第二に、苦痛の除去または軽減も医療の役割とされる。仮に不治の病に苦しんでいる患者に、あらゆる手段をつくして延命することが苦しむ時間が長くなるだけの場合、延命よりも苦痛の軽減によって、最後まで人間らしい生き甲斐のある人生を送ることができるよう、また人間の尊厳死を選べるようはからうほうが良いのではないかと思われる。

「医は仁術」としての良医と称される者には、見方を変えれば浄土に入る自利の功徳、それは雑毒雑修といわれてもたしかに仏の子である「地子」に対し、十分に功徳を完成していると私は捉えたい。それは仏・菩薩の智慧・恵みに導びかれて、否、そうした浄土門的信仰を持たなくとも考察可能である。そこで親鸞思想から仮に照らし合わすれば、たしかに世の人を罪・痛み苦しみ・毒・不安等の苦界から、光の当たる健全な人間存在の世界へと日夜絶えまなく全身全霊を傾け尽くして治癒の回復、手当てを施す善人であり道師と言えよう。つまり、それは言い換えれば、広大な慈悲によって、すべての苦悩する人びとを観察して、それぞれに応じた仮の姿を現し（医師はそれぞれの患者の病状に合わせ、実際に効果が現れるように応病与薬し治癒に当たる）、生死の庭（医師は出産から死に至るまで、常に生死の世界に接している）や煩悩の林（人間の表情から心理・情緒まで視野に入れて、各人各様の病状に応じて、常に観察し、身心の病む原因を徹底追求する）に再びもどって、不思議な力によって（適切適格な物理的薬済投与による医療行為と共に、医師の人間への生命をいつくしみ、身心の健全な状態に早く戻し回復させようと、ひたすら慈愛のこもった愛情ある愛語敬語を患者さんに問診に合わせて語り掛ける。時に対機説法的方便を使い分け苦痛に悩む患者（老若男女、地位身分や職業、貴賎に関わり無く）の身心を解きほぐし、リラックスさせ和らげる。そしてその医療行為は万人平等であって、そこには医師の自覚としての「医は仁術」がある。病室に呼ばれて入室した時、医師の姿を拝見してホッとしたアット・ホームな感情が、医師から問診される一言一言、一挙手一投足に至るまで和顔愛語が感じられ心に伝わってくるのである。私はそうしたむしろ町医者の中に、人間存在における身心の健全性あるいは最良の状態に治癒させ、また再び元気に仕事に日常に復帰することを熱く見守る）人間性、ヒューマニティーある医師の姿そして医療行為を施す思いを知る。それが生命への畏敬へと連がる悟りの境地にも似た人間観から来るのであれば、それ以上の崇高な医療に掛ける志はないだろう。それは大乗仏教精神の慈悲心に一歩一歩近づくことでもある。信仰的観点から言えば、仏道修行にも通じる道であり、遊化三昧境でもあり、往相・還相廻向の両方の大慈大悲に連動するとも解釈される、人間行為の最も尊いものだと言える。

そのことに関して言えば、「慈」は楽を与える（与楽）ことの意味であり、「悲」は苦を抜く（抜苦）ことを意味する。しかし、それは共に仏の功徳であることを表していて、大慈・大悲とセットで表現されるのである。

一方、「大慈」と言った場合、医師側、医療現場からの声として、一刻も早く苦悩苦痛である病状を緩和させ元の健康者・健全者に回復させようとする熱き思いが存在する。科学者としての医師であっても同じ人間としての思いから、時に神仏に祈るようなというか願う気持ちも起こることは当然あるだろう。医療技術をより精密高度なものへと改良発展させ、医薬もさらに効果ある妙薬へと新薬が改善され、人間に巣くう病根が科学医学の進歩に従って前進的結果に至ったとしても、仏の大慈の心を医師が代理代表して施し治療を行っているとも宗教的観点から言えばそう解釈され、その際は「自利」的行為の意味が強いため、いわゆる自己形成・人格形成・人間形成の意を汲んで〈往相〉に属する。それに対して「大悲」は人びとを化益する「利他」行の意を組んで真宗学的理解からすれば還相に属することになる。とはいえ両者は密接に同時存在し、車の両輪の関係にあり、区別したり切り離したりして決して論じられない。要するに向上門の「上求菩提」も向下門の「下化衆生」も、共に悩める人間を病魔から救出救済しようとする医師の思い願いは同時活動しており、「上求菩提」「下化衆生」の二句は究極は同じ場を支えているといえよう。

　大乗的菩薩の行の立場からいって、イデア的観念論的な思惟形式を脱して、もっと現実的、実際的、具体的、緊急的、実践的に対応し時に生命のやりとりをする医師団の側からすれば、菩薩行の代理人を行っている訳だとも判断されて何ら不思議ではない。時に誤診も下され、それを基に病状改善に向けての診療医療行為であるから、日々昼夜、医師は真理に向かって真理実現化を試みている訳である。それがそもそも医師は医療行為を通して菩薩行を実践していることの意味であり、常に病を癒す真理を目指して仏道修行に励んでいると解釈できるのではないだろうか。真理・理想論をもっと人間中心の地上の場に引き当てて革新的に理解しない限り、いつまでたっても観念論の思弁的領域から脱することはできまい。煩悩即菩提、即身成仏とはそもそもそういう意味い合いにも解釈されると考えたい。そのような訳で仏道・求道・菩薩道なる修行段階というか、そこから慈愛のこころ、言い尽くし難い感謝のこころ、時に生命に対する尊さ、畏敬の念、生命倫理観を難治難病その他の諸病苦・痛みからの解放感と共に救いを求める患者に目覚めを呼び起こす。したがって、医師の役割と働きそれ自体から人間のみならず一切衆生の生命に対する尊厳なるものへと期せず導びくことにも通じてくるのである。

　医師の治療に関わる医療行為は、病める人間の苦痛や不安を解消飛散する働きがあり、人間本来の健康状態、健全な身心に戻らせかつ気付かせる。そして生きている有難さを気付かせる契機となり、生命尊重の教化、自覚化の一役を担っていると言える。そうした角度から視点を当てたとき、たとえば、大慈悲の導師・名医・大医・良医の救療、良薬・医薬・妙薬・三毒・冷薬を塗って治療し、身の瘡《かさぶた》たちまち愈《い》えぬ・難治《なんじ》の機・病苦を除き・身痛む・心痛む、等々の医学・薬学・医療に関する数々の言葉・語句が『教行信証』「信巻」に集中して読み取られることは、仏教思想とりわけ大乗仏教と医学・医療とは相互に密接な関連性があることを顕著に窺わせるものである。そもそも釈尊は、行を続け悟りを開くためには、心身の健康の必要性を重視した。また仏教教団を組織する際に、心身の癒しの道をインドの伝統医学であるアーユルヴェーダ（Āyur-veda 寿命を意味する Ayus と、知識を意味する veda の複合語であることから、「生命の学問」と翻訳される。単に病気を治すのでなく、生命にとって何が有益か不益であるか。さらには幸福な人生、不幸な人生とは何かまでを追求する）に求めた。仏典には実に多くの医療、衛生など医学的記事がみられる。仏教は総合的な人間学であるからそうした仏教医学が発達したことは当然のことである。人間がより人間らしく生きるためには、どのように生きればよいのか。その智慧と慈悲の道を探る学問として仏教は発展して今日に至ったといえる。しかし、今の日本の現状を鑑みるに、仏教ブームと騒がれ巷の書店には所狭しと仏教書が棚に陳列されてはいるが、よく見るとタイトルまた内容からして時代に迎合した、売上部数を当てにした拝金主義的打算が読み取られる。それは薄っぺらなまったく表面的な一般的仏教書の数の多さに特に目に付く。良書とされる研究書が棚の隅に追いやられ僅かに並んでいる状況は何とも淋しい。その意味で、今日の日本では、逆に真の仏教の心が忘れ去られている感があり危惧の念すら懐く。釈尊が仏教を興し人々にその道を四五年間に亘り布教し説き拡めてきた原点にかえって、今一度仏教医学、生命倫理に焦点を当て人間らしく生きる道を考え直す必要がある気がする。

翻って古代に辿れば、仏教はその伝播の経路によって、蔵伝仏教、漢伝仏教、南伝仏教の三系統に分けられることは既に周知のことである。そして伝播した地域により、医療としてのアーユルヴェーダの変容が見られる。蔵伝仏教はチベットに伝わり、その医療形態はチベット医学となって変容形成された。またさらに北上してモンゴル医学となって形成される。漢伝仏教は、シルクロード等を経由して中国に移入し、中国医学と接触しその影響を与えている。唐代（六一八〜九〇七年）は中国で仏教の花が最も盛んに開いた時代であり、これが遣唐使により日本にも伝えられた。それは鑑真大和上の来日にもつながるわけであるが、貞観年間（六二七〜六四九年）や開元年間（七一三〜七四一年）には、インドのアーユルヴェーダ薬物や薬方が多く中国に伝来した記録が残っている。これらの薬物の一部はは遣唐使らによって日本にももたらされ、現在その一部が奈良の正倉院薬物として現存している。[40]

毒・酔い・濁り・罪を消す妙薬（念仏）

さて、論点を元に戻して『教行信証』「信巻」に関してであるが、中心課題となる原典資料は『涅槃経』からの出典がその大部分を占めており、引用され私釈が加わる。そこには驚く程、医療倫理行為や仏教看病看護における記事記述が数多くみられる。それは、親鸞が「病」「毒」「酔い」「濁」といったような比喩的表現を使って、人間の通常の煩悩に満ちた在り方を描くことに意を注いでいることが推察される。要するに『涅槃経』の文章を借りて親鸞思想の仏道観、つまり端的にいって真の仏道を開くにしても、人間存在の根源にまで目を向け凝視・観察・内省した後に、全人的総合的な人間という在り方や姿を捉えた上での記述だと言えよう。そこには大乗仏教の根本原理である「慈悲の精神」を強く意識自覚し、浄土真宗の念仏称名往生と結び付け、『涅槃経』を中心に引用し論証の助けとして取り込んでいることが明らかに認められる。

世尊大慈悲の道師は貪欲・瞋恚・愚痴の三毒を好む「煩悩具足の凡夫」「罪悪深重・煩悩熾盛の衆生」「五濁悪世の社会」の人間の病を治療するのである。たとえば、そのことの意味は、親鸞自身が的確に「如来誓願の薬はよく智愚の毒を滅するなり」と語っている文意に含まれている。それゆえ、「癒し」「治療」という言葉には、親鸞思想の重要な核心部分を現したものといえる。

簡単に言えば、こうした罪悪深重・煩悩具足の凡夫においては、すべての人間は例外なく「難治」の存在である。しかし、そんな悪人・罪人であっても正定聚へと導びき至り着く称名念仏の不思議な妙薬があった。まず、人間存在の心の奥深くに巣くう三毒の深層に気付かせるためには、「病気」と「治療」、「癒し」や「救い」、その他、医学、医療、衛生、看護に関連した言語用語を多彩に用いて譬えや比喩的表現で身近な問題として説くことが最善の手段・方法とみていたからだと考察される。そのためには『涅槃経』の内容が対話形式で展開され、しかも日常生活に関する譬え話対機説法の誘導巧みな話術で、ついつい話の中に引き込むように論理を遂一追って語られているこの大乗仏典に優るものはない。

「信巻」にみる『涅槃経』の教え

親鸞は『末燈鈔』の中で大変面白い比喩的表現で書簡をしたため、関東にいる真宗門徒に送っている。すなわち、「三毒」（貪欲《どんよく》・瞋恚《しんに》・愚癡《ぐち》の三つをいう。むさぼり・いかり・おろかさの三つ。善根を毒するがゆえに三毒とよぶ）と「無明」（無智。仏の教えを知らざること）に言及して、「酔い」から「醒める」譬え方便を使って巧みに説いている。

具体例で挙げれば、「阿弥陀の薬があるから毒をこのめなどとは、申すべきことではない」。むしろ、「われわれもともと煩悩具足の身であるから、仏を信じようとするこころがようやく深くなり、いよいよ阿弥陀を信じて、このんで念仏を申すようになった人は誰よりも悪事をさけ、いやになってこころのままの振舞いもすまじと思うのであってこそ、浄土を願う甲斐というものである」と、建長四（一二五二）年二月二十四日、常陸の南部、鹿島・行方・南の庄の念仏門徒たちに宛て親鸞は書き送った。それは親鸞が八〇歳の晩年のときである。

親鸞の思想は、残された四二通もしくは四三通におよぶ書簡をさしおいて語ることはできない。なぜなら親鸞七九歳から八八歳にいたる間、関東を去って京都に移り住むようになってから関東の門徒たちに、晩年の円熟味を増した生の声で、その念仏のこころの持ち方等のエッセンスを、分かりやすく法語のかたちで教え諭したものだからである。その大切な教えの要点は単純明解であるだけに価値があり、また晩年の念仏生活のさまを窺う貴重な資料である。それは親鸞のライフワーク『教行信証』のような学術研究書の難解な言葉から完全に抜け出し、文をも知らない田舎人たちに向かって温かい精一杯の声で、阿弥陀仏への信仰の本質を方便・譬え・比喩を用いて解き示している点にある。その意味では、パウロの書簡と共通する。

ところで「信巻」には、絶妙な比喩的表現をもって、『涅槃経』を部分部分引用し要領よくまとめ叙述描写している。その箇所を現代語訳をもって記述し示したい。

「この世には身心の病を直す名医はいないことでしょうが、いま優れた教えの師がおります。その人は一切のことを洞察し、世の人を赤子のようにあわれみ、すでに煩悩を離れて、人の身に鋭くささっている貪りと怒りと愚痴との、この三毒の矢を抜きとります」、と。中略。「この方はいま王舎城においでになります。もし、大王(阿闍世王)。どうか、そこまでお越しになってください。大王がもしご覧になれば、多くの罪も消えることでしょう」と。すると王は答えて、「まちがいなく、このようなわたしの罪が取り除かれるなら、わたしはその人に帰依するにちがいない」と言った。……王はこれに答えて「わたしはいま、どうして身も心も痛まないでいることができよう。……わたしは遠からず、かならず地獄に堕ちるだろう。また、わたしの罪を救ってくれる名医もなかろう」といった。……いま、わたしにはこれ以上の医者はないといわれるような名医がいない。教えの薬が説かれたら、わたしの病苦は除かれもしようが」と。……そのとき、世に尊ばれる、大慈悲の導師は、阿闍世王のために月愛三昧境にはいり、はいってから、あたりにくまなく光を放たれた。その光は清らかですがすがしく、王のもとにとどいて、王の身体を照らされると、身体の瘡はたちまちにして癒えたのである。

すなわち如来は光を放ってまず王の身体を治療し、その後で心の病に及んだ。しかし、王自身もひっしになって、身心の病を癒す名医を求められ、心が罪深いことに気付き、善の心をもちかけてきたところを待って、そのときに如来は慈悲の思いをかけられ、如来の種々な説法によって王の目が間違った世界から悟りの世界へと次第くに導かれ正しくのである(41)。

親鸞は、「信巻」で『涅槃経』を引用し、大慈大悲＝仏性＝如来＝一切衆生悉有仏性＝大信心＝一子地

（すべての衆生をあたかもひとり子のように憐れむ菩薩の境地、信心の果を示している意）と捉えて、以下のように私釈を試みる。

『涅槃経』（北本巻三二、南本巻三〇）にのたまはく、善男子、大慈大悲をなづけて「仏性」とす。なにをもてのゆへに、大慈大悲はつねに菩薩にしたがふこと、かげのかたちにしたがふがごとし。一切衆生、ついにさだめてまさに大慈大悲をうべし。このゆへにときて「一切衆生悉有仏性」といへるなり。大慈大悲はなづけて仏性とす。仏性はなづけて如来とす。大喜大捨をなづけて仏性とす。なにをもてのゆへに、菩薩摩訶薩は、もし二十五有にあたはず、すなはち阿耨多羅三藐三菩提《あのくたらさんみやくさんぼだい》をうることあたはず。もろもろの衆生、ついにまさにうべきをもてのゆへに。このゆへにときて「一切衆生悉有仏性」といへるなり。大喜大捨はすなはちこれ仏性なり。仏性はすなはちこれ如来。仏性は「大信心」となづく。なにをもてのゆへに、信心をもてのゆへに菩薩摩訶薩はすなはちよく檀波羅密乃至般若波羅密を具足せり。一切衆生はついにさだめてまさに大信心をうべきをもてのゆへに菩薩のゆへにときて「一切衆生悉有仏性」といへるなり。大信心はすなはちこれ仏性なり。仏性はすなはちこれ如来なり。仏性は「一子地」となづく。なにをもてのゆへに、一子地の因縁をもてのゆへに菩薩はすなはち一切衆生にをいて平等心をえたり。一切衆生はついにさだめてまさに一子地をうべきがゆへに。このゆへにときて「一切衆生悉有仏性」といへるなり。一子地はすなはちこれ仏性なり。仏性はすなはちこれ如来なり、と。(42)

結び

ここでは総括的まとめとして、「菩薩」、「一切衆生、悉有仏性」、「上求菩提」と「下化衆生」、「慈悲」の四点に的を絞って、順序は多少相前後するが論考したい。

菩薩

まずはじめに菩薩について語る前に、羅漢からはじめたい。羅漢とは、アラハント（arahant）を音写して阿羅漢となし、それをさらに略して羅漢としたものである。ちなみに中村元監修『新・仏教辞典』（増補版、一九九三年）を繙くと、そこには次のようにごく簡単に記されている。

あらかん［阿羅漢］［（梵）アルハト（arhat）の音写で、尊敬を受けるに値する人の意］一切の煩悩を断滅してなすべきことを完成し、さらに学ぶべきものがなく、人びとより供養尊敬を受けるに値する境地に至ったものをいう。声聞（著者補記：声聞とは最も原始的な意味では釈尊の音声を聞いた仏弟子のこと）大乗仏教においては、仏の教法により三生六十劫の間、四諦（苦諦・集諦・滅諦・道諦の四つを言い、各々に以下の意味がある。苦諦とは、この世は苦であるという真理。集諦とは、苦の原因は世の無常と人間の執着にあるということ。滅諦とは、無常の世を超え、執着を断つこと。道諦とは、滅諦に至るためには八正道の正しい修行方法によるべきだということを意味する。）の到達しうる最高の境地。羅漢《らかん》は略称で、十六羅漢・五百羅漢などが知られる。(43)

それは涅槃の境地に安住する仏教的聖者の理想像を指して、主として大乗仏教の側から言い出された用語である。それは小乗にみる自己形成・自己完成に専念する初期の経典に固執して励む正統派の進む道、方法を批判して、大衆の救済をこそ先とすべきことを強く主張した中から生まれた。しかし彼らはさらに、阿羅漢という聖者の理想に対しても批判して、次に菩薩という新しい仏教の理想的人間を唱えだしたのである。(44)

次に菩薩についてであるが、菩薩とは、ボーディサットヴァ（Skt. Bodhisattva）もしくはボーディサッタ（Pāli. Bodhisatta）の音を写して菩提薩捶となし、さらにそれを省略して菩薩としたものである。これもまた同様に中村元監修『新・仏教辞典』を参考に基本的意味を確かめて見ておきたい。

ぼさつ［菩薩］［(梵) ボーディサットヴァ (bodhi-sattva, 菩提薩捶) の略。覚有情・大士・開士などと訳］元来は、釈尊の前生時代の呼称として、ジャータカ（本生話）の中で用いられていたのを、大乗仏教興起後に、大乗の人たちが、自分たちも仏になれる身であるというので、自分たちの通称として用い始めたのである。〈悟りを求める人〉と訳される。日本では有徳の僧に朝廷から賜わる称号であり、同時に世人が高僧を尊称する名ともなった。(45)

菩薩という言葉は、すでに初期の経典のなかにもしばしば用いられている。たとえば、一つの経（相応部経典、一二、一〇、「大釈迦牟尼瞿曇《ぐとん》」。漢訳同本、雑阿含経、一二、三、「仏縛」）によれば、釈尊は弟子たちに「比丘たちよ、わたしは正覚のまえ、まだ正覚を成就しない菩薩であったころ、正念にこのように思った」と説いたとある。この文意から理解すると、菩薩というのはまた正覚を追求する途上にある修行者の意味である。つまりまだ仏の位に至っていない者のことである。

ここで仏教における平等の慈悲、またその社会民間に立つ救済活動、そして現実的人間がそれぞれの立場で菩薩道を行じているとする観点から論じてみたい。そこで仏教の核心は「慈悲」にあり菩薩行であると考える。その際、慈悲は共感による人間救済を意味し、仏性の担い手として無限に霊肉ともに内的充実と無我愛の精神をもって隣人、そして社会において愛他的努力をつづける現実的人間が菩薩だと一応置き直し解釈しておこう。上求菩提と下化衆生の二句は大乗仏教精神の骨格であって、上求することは自らの人格人間性を磨き仏に近づくことであり、下化することは自己を無我愛の慈悲の心をもって抜苦与楽、幸福をもたらすべく菩薩行を実践することである。下化の精神を拡充すれば、一切衆生、悉有仏性の仏の子としての衆生の一人ひとりの霊肉両面の救済に、世のため・人のためと思って働くことである。『正法眼蔵随聞記』が記す道元のことばで言えば、「人々みな仏法の器《き》なり、かならず非器なりと思ふことなかれ。依行《えぎょう》せば必ず証を得べきなり。既に心あれば善悪を分別しつべし。手あり足あり、合掌歩行にかけたる事あるべからず。しかあれば仏法を行ずるには器をえらぶべきにあらず。人界《にんかい》の生はみなこれ器量なり」ということである。仏性をもっと広く拡大し普遍化していえば、「草木国土《そうもくこくど》、悉皆成仏《しっかいじょうぶつ》」とならなければならないし、その自覚が現代の自然環境問題も含めて大乗仏教の慈悲の精神から共感、共存、共栄、相互依存の生命体として考え目をそそぐ必要があり、その保証として「如来常住《にょらいじょうじゅう》、無有変易《むうへんえき》」（如来は常にして、変易あること無し）と『涅槃経』の「師子吼菩薩《ししくぼさつ》品」に見える一句で説いている考え方は大変重要である。

道元のことばが出てきたので、ついでに参考のため同書の言句を挙げれば、「仏菩薩の大悲は利生《りしょう》を以て本とす」（仏菩薩の大きな慈悲心は、生あるもののためになることを根本としている）[46]、「遁世と云ふは、世人の情を心にかけざるなり。ただ仏祖の行履、菩薩の慈行を学行して、諸天善神の冥《みょう》にてらす処に慚愧《ざんぎ》して、仏制に任せて行じもてゆかば、一切くるしかるまじきなり」（世の名利を離れて一介の修行者となるということは、世人の不たしかな分別判断を気にかけないことである。ただ仏祖のなさったあと、菩薩の慈悲の行いを学び行じ、諸天善神が目に見えないところではっきりと見ていられることと思って自らの欠点をかえりみ、仏様のきめられたきまり通りに行じてゆけば、何も気にすることはないのである）[47]、「仏道には、慈悲智恵もとよりそなはれる人もあり。たとひ無けれども、学すればうるなり」（仏道修行（補記：医師に照らし当て考えると、仮に菩薩道としての医師、医療行為、問診、技術には少なからず慈悲心が、医療倫理観、生命倫理観として何らかの形で影響してくると考える）には、慈悲や智恵がはじめからそなわっている人もある。しかし、たとえそなわっていなくても、修行（補記：実践に当たって現場で処置・対応）すれば身につけることができる）[48]と記す文章が「仏菩薩」「大悲」「菩薩の慈行」「仏道」「道」「慈悲智恵」とは何であるか、またどう有るべきかの真意を出家至上主義立場から徹底して具体的に語ってくれていて誠に学ばさせられる重要点である。一方、道元の『学道用心集』を繙くと、「慈悲」について身近な譬えを例に挙げ、くだいて次のように説き明かしている。

諸仏慈悲、衆生を哀愍《あいみん》して、自身の為にせず、他人の為にせず。唯仏法の常なり。見ずや、小虫畜類、其の子を養育するに、身心艱難、経営辛苦して、畢竟《ひっきょう》長養すれども、父母に於て終《つひ》に益無きをや。然れども、子を念《おも》ふ慈悲、小物すら尚然り。自ら諸仏の衆生を念ふに似たり。

諸仏の妙法は唯慈悲一条のみにあらず、普く諸門に現ず。其の本《もと》皆然り。既に仏子《ぶっし》たり、盍《なん》ぞ仏風に慣《なら》はざる。

行者、自身の為に仏法を修すと念ふべからず、名利の為に仏法を修すべからず、果報を得んが為に仏法を修すべからず、霊験を得んが為に仏法を修すべからず、但仏法の為に仏法を修する、すなはち是れ道《どう》なり(49)」

(諸仏の慈悲は、衆生を哀愍《あわれ》むだけであって、自身のためにするのではありません。また他人の賞讃を得るためにするのでもありません。ただひたすら、仏法の常として、このようにあるのです。よく見ることではありませんか、小さな虫や動物がその子を養育するには、身心ともに艱難辛苦し、営々と働いて育てますが、そうして育てあげたからといって、結局その父母にとって何の利益もないではありませんか。それでも、親が子を思う慈悲にあふれていることは、小さな生物でもこの通りです。その心情は、おのずから諸仏が衆生を思うて下さる慈悲に似かよっています。

諸仏の妙法は、ただこうした慈悲ひとすじばかりではありません。あまねくゆきわたって、あらゆるところに実現します。その本源は皆すべて仏の慈悲なのです。すでにわれわれは、仏の子なのです。どうして仏の家風にならわないことがありましょうか。

仏法修行者は、自分自身のために仏法を修行すると思ってはなりません。名誉・利益のために仏法を修行してはなりません。霊験を得ようがために仏法を修行してはなりません。ただひたすら、仏法のための仏法を修行することこれがすなわち真実の道です)

上求菩提・下化衆生

考えてみれば、そもそも仏教の使命とは一体何であろうか。答えは簡単である。それは釈尊の慈悲の上求菩提・下化衆生の両輪の車に譬えられる精神に基づいて、社会の人々がこの世に幸福に生き甲斐をもって充実して生きていくことである。そのために精神的物質的なあらゆる苦悩を除き、生活がより豊かに、より心安らかに、戦争や争いのない平和な満たされた生活を、たとえ理想になったとしても、実現しようとする慈悲の宗教であり、救済の宗教であると言える。したがって、その慈悲の精神の発露するところ、人びとの社会生活の諸方面において、具体的に人びとの貧窮、病苦、孤独、厄苦などを救う救済活動が展開されてきた。それが仏教の歴史だったと理解できる。親が子に対するような慈悲慈愛に満ちた仏教精神をもって国民の福祉を願ったのが、古代インドにみられたアショーカ王の政治姿勢であった。彼は病院建設、井戸掘削、薬草栽培、道路植樹、旅行者のための休息所や緊急時の物質貯蔵庫の建設など、数多くの救済事業を行ったと伝えられている(50)。

大乗仏教が中国に伝播し、有名無名の多くの仏教徒たちが菩薩の精神をもって社会活動を実践したことは無視できない。とくに唐代の悲田養病坊や無尽蔵院（信者から寄進された財物や余剰の財物を蓄えて利殖をはかり、寺院の修理費等にあてたこと。インドで行われた。唐代には長安・化度寺等に無尽蔵院を置き、所蔵の銭帛金玉等の無尽財を天下の寺院増修等にあて、所有の金銭を長生銭・庫質銭と称して利潤をはかった。日本では古く東大寺等に無尽財が施入《せにゅう》――寺院などに財物を喜捨《きしゃ》すること――され、鎌倉時代以降、一般に質物を受けてなす貸金を無尽銭と言い、江戸時代には掛銭による相互金融を無尽講・頼母子《たのもし》無尽、または単に無尽といった）、僧祇戸《そうぎこ》（北魏朝の仏教界統制官の曇曜《どんよう》の奏請によって、仏図戸《ぶっとこ》とともに設置された一種の社会事業で、年に穀物六〇石（唐代三六〇〇ℓ）を仏教統制官の役所に納入するものを称し、これを僧祇粟といい、飢饉に備えて貧民に貸与した。のち梁の武帝の始めた無尽蔵と類似のものであるが、貸与した穀類は豊年に返済させ僧がその管理をしたので、のち次第に寺領になった）の制度、無遮大会《むしゃだいえ》（国王が施主となり、国内の僧尼貴賤一切の人々を遮《さ》えることなく、供養し布施する大会である。五年に一回行ったことから五年大会とも言い、アショーカ王に始まるとされる。中国でも盛行し、梁の武帝は四回にわたって僧俗五万人を集めたと言われ、歌舞なども参加した大法会であった）など仏教慈善活動として日本に影響を及ぼしたものが多いということも、慈悲心が慈善行為として社会化活動されて形に現れた証しである。

日本の大乗仏教の思想の布及は聖徳太子からはじまるといってもよい。当時の古代社会において、仏教が農業や産業の開発、学芸の進展にも間接的にも力を及ぼした広い意味での福祉活動が考えられる。一方、それとは別な形で慈善救済事業について言えば、四天王寺（大阪）に設けた四箇院、すなわち敬田院（求道伝道の施設）、非田院（一般に貧者・病者などあわれむべきものを悲田という。四天王寺の敬田院・悲田院等はこの思想に発している。貧窮孤独者の救済施設）、施薬院（薬草を殖産し施与する施設）、療病院（無縁の病人を収容治療する施設。最近までだとハンセン病患者医療所・療養所などはそれに類するだろう）が有名である。

さらに奈良時代以降にも多くの仏教者、僧侶によって救済、医療、土木（架橋、築堤、道路、植樹）などの諸事業が大慈大悲の慈悲の仏教精神に基づいて活発に行われていた。とくに歴史的に見ても有名な人物として行基がいる。行基は別称が行基菩薩とまで尊称されるほど、今では当たり前になり、市役所にはどこにでも福祉課が設置されている位だが、いわゆる福祉活動の万般にわたってその生涯を捧げた偉業者である。周知のごとく、平安仏教の二大開創者である最澄と空海もそうした影響を多分に受けているが、とくに鎌倉仏教の重源や叡尊や忍性に多大の影響を与えている。なかでも忍性の社会活動は行基に勝るとも劣らない多方面にわたって活躍された。

ここで最澄と空海を取り上げ、その偉業を拙論「五　平安仏教（特に天台・真言）の形成と発展」『世界のなかの宗教』（新保哲編、晃洋書房、一九九九年）からポイントのみを引用・掲載し参考としたい。

奈良仏教の法相宗では、仏性をもたない者は永遠に救われないとしたが、最澄はあらゆる人間差別なしに成仏できるとして「一切衆生悉有仏性」論を成仏の面から積極的に主張した。最澄は、これまで奈良仏教の手中にある三大戒壇とは別に、天台の戒壇をつくろうとした。すなわち、最澄は奈良仏教の小乗戒を否定し、独創的な大乗円頓戒《えんとんかい》を唱えた。それに対し、奈良仏教は最澄をはげしく非難した。最澄は、天台宗が国家の権力から一定の距離をおいた主体性のある国家仏教となることを理想とし、そのために比叡山に大乗戒（菩薩戒）壇をつくり、天台宗が自主的に管理運営することを望んだ。……比叡山は日本の仏教教学の最大の中心となり、平安末期から中世にかけては、ここから浄土宗の法然、その弟子親鸞による浄土真宗、臨済宗の栄西、曹洞宗の道元、日蓮宗の日蓮などの一遍を除く各宗祖が輩出され、それが八百年余りも経った現代においても。否、益々大きな教団と成って信者が膨れあがり、寺院の建造物の構えも大きくなって、われわれ日本人の一人一人の魂の救済の最大唯一の役割を果たし続けているのである(51)。

空海は学校教育にも力を入れ庶民教育を試みた業積は高く評価されるべきであろう。すなわち、空海は、天長五（八二八）年に綜芸種智院《しゅげいしゅちいん》を建てて、貴賤道俗をえらばずに皆入学を許可し、仏教と儒教の二教を教えて、一般庶民の教育学校としようとした。このことはわが日本において文化史上画期的な事業であったが、空海の没後経営が困難になり、承和十四（八四七）年には廃止となるに至った。これは、日本で最初の身分にかかわりなく万人に開かれた学校であり、二十年ほど続いた。斯くの如く、空海は仏教の大衆化に努め、下化衆生、利他行、済世利民の宗教活動を次々に展開し、正に仏教による日本文化の生みの母と仰がれるに相応しい宗教者であった(52)。

時代が下って鎌倉期になると、鎌倉新仏教の開祖である法然、栄西、道元、日蓮、一遍などもまた社会的活動家であったことも看過できない。当時の末法時代という戦乱や不安な終末的現実状況に直面して、五濁悪世という社会的不安から大衆を救うことが――大悲のこころ――共通した目標であった。したがって、精神的なものに比重が偏ることがあったにしても、その慈悲の宗教、救済の宗教の精神を原動力として発露される大衆への教化活動は評価されねばならない。教義は専一主義であり、教義はそれぞれ異なるにしても、皆等しく社会の底辺に生きる人びとの救いを願う、大乗仏教の慈悲のこころに燃えた〈菩薩行者〉であった(53)。

以上のことから考えると、自利即利他（慈悲）、利他即自利の平等観がますます必要となってきている現代では、誰れでもが大小の差はあれ慈悲行者・慈善行者であり、また菩薩行者である。そしてそのまま一人ひとりが自己の仏道修行、菩薩修行の聖なる道場としなければならないと思う。なぜなら誰のこころにも観音がいるわけで、肉体のまま仏になる「即身成仏」観が現実問題として考えられるし、浄土教・浄土真宗の理想も「仏になる」ことを説く教えだからである。

慈　悲

ここで改めて「慈悲」とは一体何か、その意味をまとめておきたい。この慈悲とは、仏（さとれる人）や菩薩（智慧を持てる有情）が衆生（広く解釈して人間をも含めた生きとし生けるもの）をあわれみ［補記：聖書ではこういう以下の文脈の中で、いわゆる一般的人間感情・情緒として使っている。「あなたがたは、神に選ばれた者、聖なる、愛されている者であるから、あわれみの心、慈愛、謙遜、柔和、寛容を身に付けなさい」（コロサイ人への手紙）第三章一二、比較参照］、いつくしむ心ということである。しかもそれは、純粋の愛――無我愛――として仏教では表現されているように、無我・無心・無欲で一切の私心がなく、一部の特定の人へのそれではなくして、万人に対する平等無償ないつくしみと同情とである。したがって仏教では、この心情をそのピュアなかたちにおいては慈悲〔補記：キリスト教では「慈悲」とは言わない。「愛」または「慈愛」という言語で示す。たとえば「慈愛」については「神の慈愛と峻厳とを見よ。神の峻厳は倒れた者たちに向けられ、神の慈愛は、もしあなたがたの慈愛にとどまっているなら、あなたに向けられる」（「ローマ人への手紙」第十一章二二）、比較参照〕として理解するのである。ちなみに、これを語源的にみると「慈」と「悲」とは、本質的に別の語である。

まず、「慈」（maitrī《マイトリー》）は友（mitra）という語から作られた抽象名詞で、最高の友情とでもいうべき意味である。それは特定の人に対してではなく、すべての人びとに友情を持つことを表す。言い換えれば、「友」「友情」「親しきもの」を意味し、これを派生的に考えると、真実の友情、純粋の親愛の念と理解することができる。この意味は釈尊時代の古代インドにおける仏教用語の語源的意味によっている。詳しくは中村元博士の著書『慈悲』（サーラ叢書、平楽寺書店）に解説されているので譲りたい。その他、日本人が一般に理解し意味する「慈」には、『広辞苑』（新村出編、岩波書店）や『角川新字源』（小川環樹・西田太一郎・赤塚忠編、角川書店）などには「愛情をかける」「めぐむ」〔補記：聖書には恵みについて、人間に属するものではなく、神の属し神の賜物として使われている。「それは、キリスト・イエスにあってわたしたちに賜わった慈愛による神の恵みの絶大な富を、きたるべき世々に示すためであった。あなたがたが救われたのは、実に、恵みにより信仰によるのである。それは、あなたがた自身から出たものではなく、神の賜物である」（「エペソ人への手紙」第二章七〜八）、「わたしたちの父なる神と主・イエス・キリストから、恵みと平安とが、あなたがたにあるように」（「ガラテヤ人への手紙」第一章三）、比較参照〕「なさけ」「いつくしむ」といった意味に解されている。

次に「慈」（karuṇā《カルナー》）はその原意は〈呻《うめ》き〉であり、人生苦に呻き声をあげることである。つまり人生の痛苦に呻き、嘆いたことのある者のみが、苦しみ悩んでいる者を真実に理解でき、その苦しみに同感し、その苦しみを癒すことができるというのである。したがってその同苦の思いやりを「悲」と呼ぶわけである。それはキリスト教思想のように神の恩寵の如く高きから低きに向かうのではない。常に同じ高さにあるもの同志の心のふれ合いを重んずるところに、仏教の慈悲の大きな特徴があるといえる。ここで「あわれみ」「哀憐」「同情」「やさしさ」はどちらかといえば仏教用語から派生した意味が強いが、『広辞苑』『角川新字源』の辞典類では「かなしむ」「あわれむ」「かなしみ」「なげきいたむ」「こいしがる」といった意味に日本では解されてきている。

翻って、南方アジアの小乗仏教である上座部仏教においては、また違った解釈がなされており、それは慈とは「同朋に利益と安楽とをもたらそうと望むこと」であり、悲とは「同朋から不利益と苦とを除去しようと欲すること」であると註釈している意味は身近で具体的で分かりやすい印象をもつ。言い換えれば、この慈は、「与楽」ということの別表現であるからストレートにいうと衆生に楽を与えるということを意味し、前述したように特定の人に対してではなく、すべての人びとに友情、親しき友をもつということである。さらに次の悲は、原意に基づいていうと苦しみで声をたてて呻くということであり嘆きを表す。要するに人生の苦しみに呻き嘆き悲しむということであって、それは自然に起こるところのあわれみ、同情となって、何とか痛みを取り除いてあげたい、苦痛を少しでも和らげ癒し、病める身心を元の健全な状態に戻したいという願いにつながる。そうしたことが抜苦の要因となるのである。この抜苦は人間のみと限らない。自然界に存在する一切の生きとし生けるものに対する慈しみとならなければ本物ではない。たとえば鳥獣の生命を奪ったり害することは明らかに慈悲の精神に反する行為である。仏教における「慈悲」の精神は財宝や物や心を与え布施行［補記：「マタイによる福音書」（第一九章一六～三〇節）には〈富める青年〉の譬え話がある（本章前出）。青年の「永遠の生命を得るためには、どんなよいことをしたらいいでしょうか」との問いに対し、イエスは「あなたの持ち物を売り払い、貧しい人々に施しなさい、そうすれば天に宝を持つようになろう」と答えている。また「テモテへの第一の手紙」にも同様に「良い行いをし、良いわざに富み、惜しみなく施し、人に分け与えることを喜ぶ人」になることを勧め命じている。比較参照］や無償奉仕行の実践へと行き着くが、その最たる例は、釈尊の前世物語『ジャータカ』に語られる比喩的神話的物語に窺える。すなわちマハーサットヴ太子は飢えた虎の親子に自分の身を餌食として与えた「捨身飼虎本生図」、またシビ王は鷹に追いつめられた鳩に変わって、自分の身肉を鷹に与えて鳩を救ったという譬えに示されている。聖書にも最高の愛は「人がその友のために自分の命《いのち》を捨てること、これよりも大きな愛はない」（「ヨハネによる福音書」第一五章一三）と語られているが、仏教の方はその慈悲の対象はもっと広い。中村元訳『ブッダのことば――スッタニパータ』（岩波文庫）には、

一四九　あたかも、母が己が独り子を命を賭《か》けても護《まも》るように、そのように一切の生きとし生けるものどもに対しても、無量の（慈《いつく》しみの）こころを起こすべし。

一五〇　また全世界に対して無量の慈しみの意《こころ》を起すべし。上に、下に、また横に、障害なく怨みなく敵意なき（慈しみを行うべし）。

一五一　立ちつつも、歩みつつも、坐しつつも、臥しつつも、眠らないでいる限りは、この（慈しみの）心づかいをしっかりともて。この世では、この状態を崇高な境地と呼ぶ(54)。

と記され、慈悲は一切の生きとし生けるものに対する慈しみであることが分かる。『法華経』においては、如来のことばとして「生きとし生けるものはわが子なり」と説かれ、さとれる人の教えからすればすべてを分け隔てなく平等に慈しみ接することに仏・菩薩の精神は及んでいる。

そのことと結びつけて筆者は〈怨親平等《おんしんびょうどう》〉という言葉を考える。そこには日本人の天地自然を尊び生命そのものを大切にする生き方がかくされている。たとえば戦死した場所あるいは事故の現場に赴き、遺族が死者の御霊に対して花を手向け、線香を焚《た》いて僧侶が読経している姿をテレビ等でよく目にする。そこには日本人の生き方の根底に「誇り」や「気高く生きる」という文化コードがあり、対等な相手として敵味方の区別なく勇敢なものは互いに褒め称えあうという真の武士道精神が見られる。また同時に、もう一方に生命の尊さに対する、「生命への畏敬の心」が存在しているからだと思う。また『梵網経』『金光明経』『六度集経』などによって、捕えた魚鳥を山野池川に放す一種の慈悲行が大昔から現在に至っても「大《だい》放生会《ほうじょうえ》」と称して毎年各地で年中行事として行われている。こうした日本文化の伝統的精神は大切に継承しなければならない精神文化だと私見するのである。

多少話が飛躍するが、武士道の道徳律である義、勇、仁、誠、名誉、恵、克己に孝を加えたものは現代社会にも十分に通用する基本的な日本人の精神文化の基盤となるものである。今日、武士道や侍魂は忘れ去られ廃退しているが、その基本道徳に加えて「大和魂」は捨て去るべきものではない。むしろその善いところは復活させ一層磨きをかけて日本人の「大和魂」の中心として尊重することが必要であろう。それを日本の若者の心に植えつけることがひいては将来の日本の文化繁栄につながるであろう。そうした美点は大切に守り、現代の世界情勢に合わせたより合理的で理想的な人間像、そして社会の実現に貢献する清新な日本の精神文化を再構築し、日本人を謙虚にして自信にあふれた国民にすることがより重要であり、今求められることだ。

ところで仏教とキリスト教の決定的な違いは何であろうか。それは次のようにみることができる。たとえばキリスト教では、人間と神との関係が有限に対し無限、無智に対し全智全能、被造物に対し創造主、罪人に対し救い主という具合に、相対者と絶対者という乗り越えることが完全に不可能な深い深淵と隔たりをもって対立する。それはいわば異質であり、異次元、地上の世界と天上の世界の価値基準が全く転倒した世界を意味するのである。その仏教とキリスト教の顕著で明瞭な相違点は、仏教が人間の普遍的存在、理性的な思え方に立脚した真に人間中心的な宗教だということである。そういう意味から言えば、大乗仏教における菩薩道の実践、自利（上求菩提）から利他（下化衆生）といって区別してみても、結局は人間のための救済思想となるものであるから、順序があって無いような関係で、自利も利他も同時存在的に行われると捉えた方が現実的人間存在にあっては理解しやすい。それは『法華経』にみられる「自未得度先度他」であり、自利から利他と捉えると仏教の観念的把握となりやすい。たしかに仏教には理想論があるが、それではいつまでたっても未完成となる。現実的人間存在と仏との関係との間にはつねに距離が意識される。したがって正しくは利他行の中から自利への道へと自覚され、むしろそう捉えた方が現実的であり真の仏教的理解に近いともいえよう。要するにそれが〈自未得度先度他〉の意味である。道元が「おのれいまだわたらざるさきに、一切衆生をわたさんと発願する」と解釈するように、これが絶対利他であり、慈悲の精神である。自利の完成の後に利他の方向がとられるかぎり、実は永遠に利他を完成することができない。仏教の立場は、他を中心に立て、自らは地獄に堕ちてもよい、自己犠牲によって他者を成仏させる思想である。とはいえ、利他精神はともするとと自利を完成させる手段と化し、偽りの場会もありうる。そうした日常的自己肯定に立てば、逆に崇高な大乗精神は空虚なものとなってくる。そこで仏教が菩薩道として意味を新たに解釈展開することによって、常に真理の方向へ軌道修正し前進して創造的建設的なものとなって生まれ変わってくる。つまり宗教的生命を獲得することになる。たとえば山林閑寂のなかに分け入って坐し、独り真理を瞑想する姿には大乗精神ではない。菩薩道は利他的実践の過程そのものの中で証されるものであり、手段から目的へという直線的方向ではなく、手段即目的・目的即手段、現実即理想・理想即現実とする上求菩提と下化衆生が一個の人間の中に実践にあって同時存在、円環的存在、正・反・合している関係だと言える。簡単に言い換えれば、大乗仏教による菩薩道の実践は　人間がそうした日常生活の中にあって、仏性の可能性を自覚し、人間の当為としての下化衆生、「仏に生まれ変わる」「仏と成る」と精進努力する姿がそのまま上求菩提であり、永遠の未完成交響曲であって、また、そうでもないのである。そうともいえないという立脚点に立った人物が、妙好人といわれる徹底して現世極楽往生観に支えられて生きた人達だと私見したい。

以上の観点から比較して、キリスト教における神中心主義思想と仏教における人間中心主義思想であり、そこには条件や差別を最初から問わない、誰れに対しても開かれた真に人間の立場に立った宗教だと言えよう。

釈尊は経集『ブッダのことば――スッタニパータ』（八「慈経」）において、慈悲の教えをすすめるにあたって、「よき言葉を語り、柔和にして、高慢にならざること」「〈生きとし生けるもののうえに幸いあれ、平和あれ、安楽あれ〉と」語っている。

そうした語り口調と、「兄弟たちよ。いつも喜びなさい。全き者となりなさい。互に励まし合いなさい。思いを一つにしなさい。平和に過ごしなさい。そうすれば、愛と平和の神があなたと共にいて下さるであろう」（「コリント人への第二の手紙」第十三章一一節）、「悪い言葉をいっさい、あなたがたの口から出してはいけない。必要があれば、人の徳を高めるのに役立つような言葉を語って、聞いている者の益になるようにしなさい。……すべての無慈悲、憤り、怒り、騒ぎ、そしり、また、いっさいの悪意を捨て去りなさい。互いに情深く、あわれみ深い者となり、神がキリストにあってあなたがたをゆるして下さったように、あなたがたも互いにゆるし合いなさい」（「エペソ人への手紙」第四章二九～三二）、「わたしたちの父なる神と主イエス・キリストから、恵みと平安とが、あるように」（「ガラテヤ人への手紙」第一章三節）等、とパウロが語る口調には、「神」「父なる神」「主イエス・キリスト」の言葉を除いたなら、全く同じ文章内容である。要するに人間中心に立つ現実的人間感情が波長を共鳴し合う形で、切々と綴られていることにおいては何らの違いは見られず重なりあう共通面のみが窺えるのである。

注

（1）金子大栄編『真宗聖典』（原典校註）法蔵館、一九七九年、一三〇頁。
（2）結城令聞監修『現代語訳　親鸞全集』（第六集　教行信証（一））講談社、一九六〇年、五三頁。
（3）『真宗聖典』一三六頁。
（4）同右、一二二頁。
（5）同右、一二三頁。
（6）同右、二一六頁。

（7）石田瑞麿訳『親鸞全集』（第一巻）春秋社、二〇〇一年、一五〇頁。
（8）『真宗聖典』二一七～二一八頁。
（9）『親鸞全集』一五一頁。
（10）『真宗聖典』一四〇頁。
（11）同右、二二八頁。
（12）『親鸞全集』一九頁。
（13）瓜生津隆真・細川行信編『真宗小事典』法蔵館、二〇〇〇年、七五頁。
（14）『真宗聖典』一七頁。
（15）同右、五七三～五七四頁。
（16）同右、六九〇頁。
（17）同右、四五八～四五九頁。
（18）同右、五一七頁。
（19）同右、一八九頁。
（20）同右、一〇八～一〇九頁。
（21）同右、五七三～五七四頁。
（22）石田瑞麿訳『親鸞全集』（第三巻）春秋社、二〇〇一年、一一〇～一一一頁。
（23）同右。
（24）『真宗聖典』五九三頁。
（25）『親鸞全集』（第三巻）一七四頁。
（26）『真宗聖典』六一〇頁。
（27）新保哲『鎌倉期念仏思想の研究』永田文昌堂、二〇〇八年、一八三～一八九頁参照。
（28）『真宗聖典』一二一〇頁。

(29) 同右、二七七〜二七八頁。
(30) 『親鸞全集』(第一巻) 二六六頁。
(31) 同右、二六七頁。
(32) 同右、二八七頁。
(33) 同右、二九五頁。
(34) 石田瑞麿訳『親鸞全集』(第二巻) 四四一頁。
(35) 『親鸞全集』(第一巻) 二一頁。
(36) 同右、一五〇〜一五一頁。
(37) 同右、一五三〜一五五頁。
(38) 『真宗聖典』三四九頁。
(39) ヘンリー・ハーレイ『聖書ハンドブック』聖書図書刊行会、一九六八年、四一六頁。
(40) 難波恒雄・小松かつ子編『仏教医学の道を探る』東方出版、二〇〇〇年、一一〜一二頁。
(41) 高崎直道編『和訳 涅槃経』東京美術、一九九三年、二〇六〜二一九頁。
(42) 『真宗聖典』二二〇〜二二一頁。
(43) 中村元監修『新・仏教辞典』(増補) 誠信書房、一九九三年、一三頁。
(44) 増谷文雄『根本仏教と大乗仏教』佼成出版、一九七一年、五六頁。
(45) 『新・仏教辞典』四七七頁。
(46) 水野弥穂子訳『正法眼蔵随聞記』筑摩書房、一九七二年、九四頁。
(47) 同右、一二四頁。
(48) 同右、二一四頁。
(49) 玉城康四郎『道元集』(日本の思想二) 筑摩書房、一九七二年、六九頁。
(50) 花田順信編『仏教と福祉』仏教大学通信教育部、一九九六年、四〜五頁。

(51)　新保哲編『世界のなかの宗教』晃洋書房、一九九九年、二五一～二五二頁。
(52)　同右、二五七頁。
(53)　『仏教と福祉』五～六頁。
(54)　中村元訳『ブッダのことば――スッタニパータ』(岩波文庫)岩波書店、二〇〇九年、三八頁。

参考文献

金子大栄編『真宗聖典』(原典校註)法蔵館、一九七九。

結城令聞監修『現代語訳　親鸞全集』(第六集　教行信証(一))講談社、一九六〇年。

石田瑞麿訳『親鸞全集』(第一巻、第二巻、第三巻)春秋社、二〇〇一年。

瓜生津隆真・細川行信編『真宗小事典』法蔵館、二〇〇〇年。

新保　哲編『世界のなかの宗教』晃洋書房、一九九九年。

新保　哲『鎌倉期念仏思想の研究』永田文昌堂、二〇〇八年。

新保　哲『ソローの精神と現代――東西融合論へ向けて――』行路社、一九八八年。

新保　哲『日本の福祉思想』北樹出版、二〇〇〇年。

新保　哲『日本福祉のこころ』北樹出版、二〇〇二年。

新保　哲『医療現場と福祉のこころ』北樹出版、二〇〇二年。

日本聖書協会編『新約聖書』(一九五四年改訳)日本聖書協会、一九六六年。

ヘンリー・ハーレイ『聖書ハンドブック』聖書図書刊行会、一九六八年。

難波恒雄・小松かつ子編『仏教医学の道を探る』東方出版、二〇〇〇年。

高崎直道編『和訳　涅槃経』東京美術、一九九三年。

増谷文雄『根本仏教と大乗仏教』佼成出版、一九七一年。

増谷文雄『仏教概論』(現代人の仏教一二)筑摩書房、一九六五年。

水野弥穂子訳『正法眼蔵随聞記』筑摩書房、一九七二年。

寺田　透・水野弥穂子校注『道元上』（日本思想大系一二）筑摩書房、一九七〇年。

玉城康四郎『道元集』（日本の思想二）筑摩書房、一九七二年。

花田順信編『仏教と福祉』仏教大学通信教育部、一九九六年。

大原性実『教行信証概説』（サーラ叢書一二）平楽寺書店、一九七〇年。

水野弘元『仏教要語の基礎知識』春秋社、一九七二年。

長尾雅人編『バラモン教典　原始仏典』（世界の名著）中央公論社、一九七九年。

長尾雅人編『大乗仏典』中央公論社、一九六八年。

シチェルバドスコイ著、金岡秀友訳『大乗仏教概論――仏教の涅槃の概念――』理想社、一九七五年。

佐々木教悟・井ノ口泰淳・高崎直道・塚本啓祥『仏教史概説　インド篇』平楽寺書店、一九八〇年。

石田充之『浄土教教理史』（サーラ叢書一五）平楽寺書店、一九七二年。

菊村紀彦編『親鸞辞典』東京堂出版、一九九七年。

高松信英『現代語訳　大無量寿経』法蔵館、一九九九年。

永久岳水『仏説父母恩重経講話』中山書房仏書林、一九九六年。

雲藤義道『親鸞の世界』教育新潮社、一九八六年。

上田義文『現代を生きる仏教的人間』本願寺出版部、一九八七年。

織田隆弘『これが密教だ――奇跡の法力と信仰の原点――』密門会出版部、一九九〇年。

鍋島直樹・その他編『心の病と宗教性』法蔵館、二〇〇八年。

牧野武朗・斎藤稔編『心で病気を治す事典』（別冊壮快）マイヘルス社、一九七九年。

森田修平『生命力が強くなる本――自らの内にあるものを発揮する――』第三文明社、二〇〇三年。

立川武蔵編『癒しと救い――アジアの宗教的伝統に学ぶ――』玉川大学出版部、二〇〇一年。

大星光史『古代日本の生命倫理と疾病観』思文閣出版、二〇〇七年。

日野原重明『人生百年　私の工夫』幻冬舎、二〇〇二年。
水野　肇『現代医療の論点』法研、一九九六年。
間瀬啓允『生命倫理とエコロジー』玉川大学出版部、一九九八年。
竹田純郎・横山輝雄・森秀樹編『生命論への視座』大明堂、一九九八年。
神道文化会編『神道と生命倫理』弘文堂、二〇〇八年。
渡辺勝義『神道と日本文化』現代図書、二〇〇六年。

第二章　薬と毒

『教行信証』「信巻」にみる『涅槃経』の内容

『教行信証』の「信巻」を繙《ひもと》いてみると、そこには『涅槃経』が引用され、難化の三機・難治の三病（三毒）を取り出してその機を親鸞は示している。また、その機を明かすこの一段は二つに分かれ、初めには『涅槃経』を引いて弁じ、後には問答法にして逆謗摂取の義を親鸞は私釈せられている。すなわち文の構成は経・論・釈にわたり、四箇所の各文が引証されてある。それは以下である。

① 現病品の文（北本『涅槃経』第十一巻、大正十二の四三一頁。南本『涅槃経』第十巻、大正十二の六七三頁）
② 梵行品の文（北本十九巻、大正十二の四七四頁。南本十七巻、大正十二の七一七頁）
③ 梵行品の文（北本二〇巻、大正十二の四八〇頁。南本十八巻、大正十二の七二三頁）
④ 迦葉品の文（北本三四巻、大正十二の五六五頁。南本三一巻、大正十二の八二二頁）

以上の諸各文の内容を簡単に要点を説明すれば、次のようになる。

まず現病品の文では、難化の三機（三つの煩悩である貪《とん》・瞋《じん》・痴《ち》）として謗大乗（大乗を誹謗する人）と五逆罪（人間の犯ずる五つの根本的な重罪。①小乗の五逆。(イ)殺父、(ロ)殺母、(ハ)殺阿羅漢、(ニ)出仏身血、(ホ)破和合僧。②大乗の五逆。(イ)塔・経像、三宝附属物の破壊、(ロ)三乗（声聞・縁覚・菩薩）の教法の排斥、(ハ)出家者の修行の妨害、(ニ)小乗の五逆、(ホ)業報を無視して十悪を犯すこと）、それに加えて一闡提《いっせんだい》（断善根、信不具と訳す。成仏する因をもたないもの）とある。この三機は難治の三病と等しく声聞・縁覚・菩薩の法によっては治すことが不可能だというのである。ただ如来の願力のみが、これを治癒することができると説かれてある。

次に梵行品の二文は、五逆の重罪を犯せる阿闍世《あじゃせ》が、発心するにいたる事情を詳らかに著しており、終わりの方の加葉品の文はこれを重説する形となっている。

そこで逆謗の悪機も弥陀の本願海に帰入すれば一転（「信巻」の〈現生十種の益〉において三番目に「転悪成善」の現益が説かれている）して同一海味に溶融、つまり一味和合せられるのである。そのあたりは「行巻」における［一乗海の釈］［海の釈］において解説私釈されているところである。いまここでは逆悪の阿闍世王の入信物語に寄せて、これを証明しているのである。つまり簡単に要点を一言で述べれば、逆謗といわれる人であっても、「本願」によって摂取され救われる事実を具体的に明示し、よって本願の機を明らかに表しているのである。[2]

「信巻」の中頃に「大悲の憐憫」に関する項があり、「それ仏、難治の機をときて」から始まる文章がある。その箇所の文の書き起こしから最後に至る経・論・釈を通読すると、たとえば医学医用、医薬、病気、病状、治療、癒し、毒、その他、数々の言葉が表現され使用されている。これだけの幅広い言語と用語と出度数を見るかぎり、親鸞思想を理解する上にそうした仏教経典の中の医学、医薬、衛生、医療（身心医療も含む）は無視できない研究テーマの課題となり得る。そうした意図から『涅槃経』を出典とする具体的用語例を挙げ、併せて出度頻度回数を（　）内に明示して参考としたい。

医学に関する用語用例の頻度数

○大良医（1）　良医（7）　大医（2）　医薬（2）　くすり（2）　妙薬（3）　法薬（2）　冷薬（1）　湯薬（1）　煎《せんじ》薬のこと　毒薬（1）　薬狂（1）薬に中毒して発狂する　毒薬（1）　ぬる（2）

○心病（2）　身病（2）　三病（1）　愈病《ゆびょう》（1）　痛み（1）　病子（1）　病苦（1）

○毒熱（1）　顔容憔悴（1）

○難治（1）　癒えぬ（1）　身心を療治（1）　身・やまい・身心を治す（7）　やまいを療す（1）　衆生を療す（1）　救療（2）　罪を救病（1）　聞治《もんじ》（1）治病の方法を聞く意　短命（1）　長命（1）

以上、ざっと用語を三〇程挙げてみた。ここで親鸞が『涅槃経』の中から引用し説きたかった問題は、難治の機、それは一言でいえば「罪」に当たるが、その罪とそこから派生して起こる病また病の大小の諸症状を取り除き、元の健全な状態、言うなれば全人的人間存在の罪・煩悩がそっくり取り除かれ阿弥陀仏の本願他力によって救治されることを説いているところに最大の焦点がある。(3) そこで「信巻」の最後の「結び」に当たる部分を現代語訳をもって示し、そこで親鸞が説かれる主旨要点の内容理解に呈したい。

以上、示されたことからして、いま如来の真実の教えによれば、教え導くことの困難な三種の人たち（五逆と謗法と闡提の三種の人）、つまり救いがたい三種の病にかかっている人たちは、大慈悲の誓いを頼み、他力の信心の海に帰するとき、如来はこれをあわれみいとおしんで、病を治療してくださる。たとえば、醍醐の妙薬がすべての病を治すようなものである。濁りはてたこの世の人たち、悪に汚れた多くの人たちは、金剛不壊の真心を求めて念ずることだろう。本願という醍醐の妙薬を固く手に取って、離さないでいなければならない。こう理解することだろう。

いったい、さまざまな大乗経典によると、そこには教え導くことの困難な人のことが説かれているが、いま『大無量寿経』には、「ただ、五逆の罪を犯したものと、正しい教えを誹謗するものとは、救いの対象から除く」と言い、あるいは、「如来会」には、「ただ、無限地獄におちる五逆の罪（無限悪業）を犯したものと、正しい教えと、さまざまな聖人を誹謗するものとは、救いの対象から除く」と言われている。『観経』には、五逆の人の往生を明らかにしているけれども、教えを誹謗する人の救いは説かない。『涅槃経』には、救いがたい人とその病について説いている(4)。

次に『涅槃経』では、〈難治の機〉つまり仏が救いに導くことの困難な人について一体どう説いているだろうか。

救い難い病（難治の機）と救える病

それにはこの世には救い難い病にかかっている人が三人いると言う。一つには、大乗を誹謗する人、二つには、五逆罪の人、三つには、仏になる因をもたない人（一闡）である。このような病はこの世で一番重いもので、小乗の聖者や仏、および菩薩などにはだれひとりとしてよく治せる病気ではないと説く。

その箇所の原文内容では、不治の病にかかったときは看病人がいようといなかろうと、良い薬があろうとなかろうと、治しようはなく死ぬことは疑いない、と言っている。しかし、それに対し親鸞はこの原意をかえて、次のように解釈し直している。

それは治せるものと治せないものとの差があると解したから、次に経文を書きかえて、治せるものの例に仏・菩薩にしたがうもの、治せないものに小乗の聖者や仏、あるいは菩薩にしたがうものを示そうとしたということである。その箇所の文脈は以下のように記されている。

きみたち。たとえば、病にかかってかならず死ぬときまって治しようもないときに、もしよく看病して思いのままに使いこなせる薬があれば、治るようなものである。もし、よく看病して思いのままに使いこなせる薬がなければ、このような病はついに癒すことができない。この人の死ぬことに疑いの余地はない、と知るにちがいない。

きみたち。この三種の人もまたこれと同じである。仏・菩薩にしたがって治療について聞くことができてはじめて、最高至上の仏の悟りを求める心をたやすく起こすことが可能になる。[5]

また、『涅槃経』（北本巻三二、二、南本巻三〇）には、このように説いている。

善男子たちよ。楽を与える大慈（与楽）と、苦を除く（抜苦）大悲とを仏性と名づける。なぜなら、この大慈・大悲は、影の形にそうようにいつも菩薩につきしたがっているからである。すべての人はいつかはついにこの二つをかならずうるはずである。だから、「すべての人には一人のこらず仏性がある（一切衆生悉有仏性）」と説かれているのである。したがって、この大慈と大悲を仏性と名づけ、仏性もまた如来と名づける。[6]

また、人の楽をみて喜ぶ大喜（医師が人の痛み苦しみを治療により回復したことによって、生命を預る医師が使命を果たしたことに自ら大いに喜ぶことと同意に解釈したい）と、わけへだてなく平等（世の尊敬をうける多くの仏たちは、世の人びとに対してその氏素姓とか、老幼・中年とか、貧富とか、時節や日月・星宿とか、手仕事をするもの・下賤なもの・召使いの男女などといった区別を心にかけない。ただ善の心をもった人のことを心にかけられるだけである、と[7]『涅槃経』（北本巻二〇、南本巻一八）には語られている。このことは「如来を大良医とする」までもなく、たとえば「世に良医の身心を治するもの」「良医の救療をみるもの」を、この世にあって日夜実践して医療行為を担当されるどこにでもいる町医者を身近に想定して捉えてみるとき、大悲の菩薩行が一層地に足が着いた解釈となって理解されてくるのではないだろうか）である大捨（愛憎の心を捨てて一切のものに平等であることの意。慈・悲・喜・捨をひとつにして四無量心という。そうした仏の心を無量に起こし、無量の人々を悟りへと導くことから呼ばれる言葉である）とを仏性と名づける。[8]

また、仏性は「大信心」と名づけるともいう。なぜなら、この信心によって菩薩は時を得てよく施し、または智慧の修行の成果を完全に身にそなえているからである。そしてすべての人も菩提心を起こし精進すればいつかはついにこの大信心（親鸞のいう正《しょう》定《じょう》聚《じゅ》の不退転の悟りの位とも置き換え理解できる）をきっとうるはずであるからだとして、大信心＝仏性＝如来と同位同格のイコールで結び付けて親鸞は読み替えている。そうした親鸞思想の根底には、北本『涅槃経』巻二一の「高貴徳王菩薩品」や巻二七の「師子吼菩薩品」に説く「一切衆生悉有仏性」（生きとし生けるものは、すべて生まれながらに仏性があるから、可能性として成仏ができるという意）の考え方が通奏低音の響きをもって一貫して流れていることが分かる。

翻って、そこで患者と医師の関係において考えてみた場合、次のように言えないだろうか。すなわち医師は患者を絶対平等に問診・診察を行い、診断し治療・投薬すること。要するに病苦や痛みを取り除く真意は一言で〈身心の病いを取り除く〉ことだが、「信巻」で説かんとする本源は「良医が三毒の罪・煩悩の類を取り除く」行為におのずと連想されてくるのも自然な発想である。

一方、罪の自覚を意識し慚愧《ざんき》を感じたとき、「身の瘡《できもの》が増劇する」のであり、名号を聞き信心を得るとき、つまり簡単に言えば患者が如来と一体化したその時、「信心獲得《しんじんぎゃくとく》」と同時に弥陀の大悲心に転換させられ一瞬にして癒える、と親鸞は独自に解釈している。すなわち仏・如来の智慧・慈悲を信心として獲得した時に――『浄土真要鈔』では、そのことを親鸞聖人は「この一念を釈すとして「一念といふは信心を獲得する時節の極促《こくそく》（きわまりの意）をあらはす」と判じ給へり」(9)と記されている――如来（阿弥陀如来のこと）と等しき人となって人間存在の罪・煩悩・毒が消され取り除かれ、健能者・健全状態と生まれ変わり、いわゆる煩悩即菩提、敢えて親鸞の言葉でいえば「即得往生、住不退転」（すなわち時をへだて日をへだてず、一念帰命のときに往生が定まること）となる訳なのだ。そのことに関連して『浄土和讃』の二首で言えば、次の通りである。

平等心をうるときを　一子地となづけたり　一子地は仏性なり　安養にいたりてさとるべし(10)

（生きとし生ける者をわけへだてなくみそなわす慈悲の心（『涅槃経』師子吼品による）を得る時を、すべての人々をひとり子を思うようにいつくしむことのできる地位だと名づけてある。この位は現世はもとより末世でも、信心の御利益を蒙《こうむ》る仏性である。弥陀の浄土にいたってさとるであろうよ）

一切の功徳にすぐれたる　南無阿弥陀仏をとなふれば　三世の重障みなながら　かならず転じて軽微なり(11)

（一切の功徳にすぐれた南無阿弥陀仏を唱えるならば、過去・現在・未来の重い罪がみなかわって軽く少な

くなると説かれている）

毒を消す真の名医とは

次に毒矢の譬えでもって治癒的効果を示しておこう。その前に「信巻」で言うところの毒とは何か。それは比喩的表現で譬えに託して言っている言葉であり、何を毒かと言えば、人間の三種の根本的な迷いである三毒（三惑・三煩悩）のことである。すなわち貪欲《どんよく》（むさぼり）・瞋恚《しんに》（いかり）・愚痴《ぐち》（おろかさ）を指す。それは仏教用語として貪瞋痴《とんじんち》と一般に称されていることを言い、一言で総称して「煩悩」を指す言葉である。それが人間の身心に奥に深く三毒の矢が刺さっている比喩的表現の譬えで物語が語られている。その毒矢はほおっておくと、体全体に毒がまわって死に至らしめるから、急いで取り除く必要がある。それには名医が求められる。その名医なる者は小乗的名医では治癒は不可能だというのである。では一体何の教えが、そして誰が完全に治癒できるのか。まず、それには大乗的教えによらなければ治らないと言う。親鸞が「信巻」において『涅槃経』を幾度も長々と引用し、最後に毒を消す名医とは具体的には歴史的人物釈尊に至り着くのである。「信巻」で「如来を大良医とす」と表現され語られる者とはまさに釈尊の別称である。そこでは阿闍世王とそれに使える大臣との問答が名医と称される六派哲学者（六師）を城内に呼び寄せ、阿闍世王の毒を取り除くべく登場させるが、いずれも病を癒すことはできなかった。しかし最後は極悪人・重罪人の阿闍世王は釈尊に直接会い教えを聞き（聞信）、仏の教えに帰依入信し弟子となり、その時一瞬にして病が癒えたという物語である。

『涅槃経』における阿闍世王の物語

ちなみにそこには釈尊を「大良医」と記し、また六師についても次の文に記述されてでてくる。

大王、如来に弟提婆達多《だいばだった》あり、衆僧を破壊し、仏身より血をいだし、蓮華比丘尼を害す。三逆罪をつくれり。如来、ために種種の法要をときたまふに、その重罪をしてすなはち微薄《みはく》なることをえしめたまふ。このゆへに如来を大良医とす。六師にあらざるなり[12]。

(大王、釈尊には提婆達多という従弟がいて、出家教団の和合を破壊し、仏の身体を傷つけて血を流させ、蓮華比丘尼を殺し、この三つの逆罪を犯しています。しかし釈尊はこのためにわざわざさまざまな教えをお説きになって、その重罪を問もなく軽くしておやりになりました。ですから、釈尊を勝れた名医と申しあげるのです。六師のたぐいではありません[13])

そこに耆婆《ぎば》なる人物が登場し、阿闍世の病状が一向に回復しない痛々しい姿に見かねた彼は言葉巧みに諄諄《じゅんじゅん》と王を説得し、ついに釈尊と会話することになるのである。その耆婆とは一体どういう人なのかを、一言ここに記しておきたい。彼の梵名はJīvakaである。耆婆は阿闍世の庶兄(めかけ腹の兄)であり、釈尊当時の名医として広く知られていた人物であった。また釈尊の風邪、仏弟子の阿那律の失明、阿難の瘡《かさぶた》などを治したことで、当時、医王・大医などと尊敬されていたことでも知られる。そして彼は仏教に深く帰依し釈尊や仏弟子の病を癒し、また阿闍世を仏教に帰せしめる大役を果たした医師でもあった。そうした耆婆の説得に素直に応じ、ついに阿闍世王は悟りを開いた違大なる人生の勝者・釈尊と相見《あいまみ》えることとなり、罪を釈尊に懺悔し、釈尊滅後、仏教教団の大保護者となったという話になっている。

以上、耆婆と王との問答、それに釈尊が阿闍世の毒ある罪を取り除き、病を癒した記述の箇所を、現代語訳をもって示し参考にしたい。

きみたち、釈尊の秘められた奥深い言葉は、思いはかることができない。また、釈尊と釈尊の教えを奉ずる僧たちも、思いはかることができないものであるし、菩薩修行者もまた思いはかることができないものであり、そしてこの『大槃涅槃経』もまた思いはかることができないものである、と。

そのとき、世に尊ばれる「大悲の道師」である釈尊は、阿闍世王のために月愛三昧（釈尊がこの三昧に入れば、あたかも月光が青蓮華の花を咲かせ、夜路を行く人を照らすように、衆生の貪瞋の煩悩を除いて善心を生ぜさせ、迷いの世界にあって悟りの道を求める行者に歓びを与えるところから名づける）にはいり、はいってから、あたりに隅《くま》なく光を放たれた。その光は清らかですがすがしく、王のもとにとどいた。王の身体を照らされると、身体の瘡《かさぶた》はたちまちにして癒えたのである。中略。

王が耆婆に向かっていうには、「釈尊は天のなかのもっとも勝れた天である。どのような因縁によって、このような光をお放ちになったのか」と。

「大王。いま放たれたこの瑞相は遠く及んで王のためになされたもののようです。王がはじめに、『この世にはこの身心の病を癒す名医はいないのか』と仰せられたから、釈尊はこの光を放ってまず王の身体を治療し、その後で心の病に及ぶのです(14)」

以上、そうした物語描写を知るだけでも、親鸞の他力念仏思想における経典にみる「病気」や「治癒」の関心事が窺われる。すなわちそこには人間存在の根底を内省して、病・毒・罪の抜苦とその治療救済に重要な問いかけがなされていることに実は注目する必要がある。いわゆる世間的世俗的通称の名医では治癒できないことを暗に語る。浄土真宗の思想から説けば、他力念仏の大信心に達した者、正定聚不退《しょうじょうじゅふたい》の位に達した者、信心獲得した者、聞信往生《もんしんおうじょう》、そういう悟りを得た人でなければ、正直な所、毒矢は取り除くことができない、と親鸞は『涅槃経』その他の浄土経典を引用し、他力念仏信仰を主調する根拠と成し、論証し説き明かしているのである。

ところで、『涅槃経』を引用した「信巻」では、いわゆる小乗の世界にいる者には世に身心の病を癒す名医はどこにもいないという考えが基底にある。つまりその前提には小乗の聖者や仏および菩薩であっても誰一人としてよく治しえないというのである。そうしたストーリーに六師が名医に譬えられて登場してくる訳だが、本文に記述された文脈の順序から一人ひとりを取り上げ粗描紹介してみたい。

①富闌那迦葉《ふらんなかよう》という人物は、善・悪の報いを認めない無道徳論者として知られた人である。彼は一切のことを洞察して、なんでも思いのままにすることができ、清らかな戒律を守り、常に数限りない多くの人たちのためにこの上ない仏の悟りに至る道を説いた。この人物に期待を懸けて阿闍世王の「心に悔悟し、煩悶することによって身体中にできた瘡《できもの》」を治そうとする。しかし、その根源・原因は身体そのものから起こってきているものではない。心から生じたものだ。この人物に期待を続けたが、王は結局は小乗の仏・菩薩では病を癒すことはできないと見る。

次に登場するのが、②末伽梨狗舎梨子《まかりくしゃりし》である。文の件《くだ》りは以下の通り。

大王の仰せられるとおり、この世には身心の病を治す名医はいないことでしょうが、いま勝れた教えの師がおります。末伽梨狗舎梨子と申しまして、一切のことを洞察し、世の人を赤子のようにあわれみ、すでに煩悩を離れて、人の身に鋭くささっている貪りと怒りと愚痴との、この三毒の矢を抜きとります」と。中略。「この方はいま王舎城においでになります。もし、大王。どうか、そこまでお越しになってください。大王がもしご覧になれば、多くの罪も消えることでしょう」と。すると王は答えて、「まちがいなく、このようなわたしの罪が取り除かれるなら、わたしはその人に帰依するにちがいない」と言った[15]。

次に、③刪闍邪毘羅胝子《さんじゃやびらせんし》が登場する。彼は確定的な答えを避け、意味の曖昧な所論に終始したため不可知論者といわれる。釈尊の十大弟子で後に智慧第一と称された舎利弗《しゃりほつ》・神通第一の目犍連《もくけんれん》がはじめ師としていた人物である。その彼が王の毒矢を取り除き、多くの罪を消すために呼び寄せられる。

次に、④阿耆多翅欽婆羅《あぎたしきんばら》が登場する。彼は無因論に立つ感覚論者として知られている。たとえば人間は地・水・火・風の四元素と苦・楽・霊魂とからなると考えた。これらは作られたものでもなく、他を作り出すこともなく、たとえ人を殺しても、剣はそれらの要素の間隙を通るだけだと説く人物である[16]。

続いて⑤婆蘇仙人《ばばせんにん》が登場してくる。そして最後に、⑥尼乾陀若提子《にけんだにゃていし》が登場して一場面の幕が降ろされる。彼はジャイナ教の開祖マハーヴィーラのことである。釈尊とほぼ同時代に生き、無神論を唱えた。彼以前に、二～三人の祖師があってその教理を改革大成したといわれている。仏教と並んで正統バラモン教以外の二大宗教となったことで知られる宗教である。

以上の六師はいわゆる六師外道と一般に称され呼ばれている人物たちであり、釈尊当時の自由思想家の部類に属していた[17]。六師外道というのは、古代インドの仏陀時代に、中インドで勢力のあった六人外道邪教を指す言葉である。すなわち外道とは仏教側からの呼称であって、当時にあってはむしろ革新的自由思想家として見られていた者たちである。正統バラモン思想に対しても異端の立場にたち、当時の一般民衆社会に行なわれた思想系統を代表するものとみなされていた。

ここで改めてもう一度、整理し理解する意味で、人名と併せ簡潔に一言をもってその思想の特色を記しておこう。

① 富蘭那迦葉《ふらんなかよう》（Pūrana Kassapa《プーラナー カッサパ》）。無道徳論者。善悪の業報を認めない。

② 末伽梨拘舎梨子《まかりくしゃりし》（Makkhali Gosāla《マッカリー ゴーサーラ》）。宿命論的自然論者。

③ 刪闍邪毘羅胝子《さんじやびらせんし》（Sañjaya Belatthiputta《サンジャヤ ベーラッティプッタ》）。懐疑論者で、人知に普遍妥当性を認めず、修行によって解脱にいたるべきことを説く。

④ 阿耆多翅舎欽婆羅《あぎたししゃきんばら》（Ajita Kesakambala《アジター ケーサカンバラ》）。唯物論・快楽論者で、ローカーヤタ派（Lokāyata。順世外道・順世派と訳。仏陀時代の古代インドの自由思想の一つである。また、アージーヴィカ（Ājīvaka。「生活を得るために修行する者」という意味があり、仏教興起の頃の古代インドの自由思想学派の一つである）派とともに最も重要である）の先駆。

⑤ 婆蘇仙人《ばそせんにん》（補記――この所は親鸞の書き間違いではないか。通称される六師外道の一人ならば迦羅《から》鳩駄迦旃延《くだかせんえん》（Pakudhakaccāyana《パクダーカッチャーヤナ》）である）。その人物について記せば無因論的感覚論者である。

⑥ 尼乾陀若提子《にけんだにやてぃし》（Nigaṇṭha Nātaputta）。ジャイナ教の開祖。

さらにその相違点を指摘すれば、①②⑤はアージーヴィカ派に属し、⑥とともに苦行主義をとる。（釈尊も最初の出家修行は苦行主義に向かっていた）③の他はすべて唯物論の立場である。このこととデカルト以来の西欧近代思想に照らし、今の西洋医学の科学的実証主義的合理的思想から比較した場合、類似した一面も窺える。ただし、唯物論といっても種々な思想・考え方があるから決して一言で割り切れることではない。孔子は死後の霊魂の存在について、有るとも無いとも答えず、ただ、沈黙を守った霊魂には実体がないという立場から答えた釈尊の解答は、はっきりと死後の霊魂の存在を否定した。そこでどちらとも言えないとの立場もある意味では理性的で真理に即した解答として当然受け止められる。なぜなら霊なるものが科学的に実証証明されないからといって存在し得ないとは断定はできない。したがって、判断中止の立場は正しい。科学思想も歴史を振り返れば、時に間違いを犯し修正されることも大いにある。そうは言っても科学は日進月歩、新しい未知なる世界を開拓そして発見している。いずれ将来、科学が進めば視界に映らない霊なる存在も明らかになるかもしれない。あるいは科学と宗教はその意味で別々な世界に属するものなのかもしれない。生とは何か。死とは何か。人間の脳内で知覚され判断されたことがすべてだとも言い切れない。なぜなら人間から離れた外界ではさまざまな生生滅滅が現象事象として瞬時に生起しているからである。また特定の個人が無くなっても、依然として外界の存在そのものは存在している。肉体が滅べば精神・こころと称するものもすべて無くなると考えるのは確かに常識的判断からしてそのように思えるが、それでも希望的・願いとして輪廻転生説が頭をもたげてきて、考の中で唯物論思考と唯心論思考が交錯し判断に迷い、迷路に誰れもがぶつかる。

そこで元に戻り、六師外道に関し親鸞はその紹介を「信巻」において『涅槃経』を長々と引用略出しつつ取り上げている。すなわちその物語の構成内容を簡略化した編集・要旨を掲げると、次のようになる。読みやすい高崎直道編『和訳　涅槃経』（東京美術、一九九三年）の中から掲載して理解の参考としたい。

「阿闍世王、世尊に詣でる」

一　悪業を悔やむ

（一）

王舎城の阿闍世大王は、その性《さが》あしく、殺戮を好み、口は四つの過を犯し、心は貪欲《どんよく》・瞋恚《いかり》・愚痴《ぐち》が強烈であった。ただ、現世のことだけを考えて、来世をおもわず、もっぱら悪人を手下として用いた。現世の五官の欲にふける故に、父王を無辜《むこ》の罪で、いわれなく逆害した。しかし、殺害してから心に悔《くや》み、ために熱を出し体中に瘡《できもの》が生じ、誰も近づけなかった。

王は、「わしはこの身に報いを受けている。地獄におちることは必定である」と思った。母の韋提希夫人はいろいろと薬をととのえて、瘡に塗って介抱したが、痛みは増すことはすれ、減ることはなかった。王は母に、「この瘡は身の四大（地・水・火・風の四要素）から起ったのではない。これは心の病《やまい》です。この世に誰も治せるものはおりますまい」と告げた。

（二）

そのとき、月称という名の大臣が見舞にきて恭《うやうや》しく申し上げた。

「大王よ、お顔がおやつれのようですが、お身体の痛みですか。それともお心の痛みでしょうか。」

「身も心もくたくただ。わしは罪のない父を弑逆《しぎゃく》した。昔聞いたことがある。五逆《ごぎゃく》罪を犯したものは地獄におちること必定であると。どうして心の痛まないことがあろうか。わしのことを治してくれる医者は誰もいるはずがない。」

「大王よ、あまりご心配なさいますな。世の中ではこう歌っております。

常に愁え苦しめば、
愁いはますます増すばかり。

喜んで眠るひとは、
ますますよく眠れる。

酒も女もそのとおり。

大王よ、五種の逆罪を犯した者は地獄におちるといいますが、誰も地獄を見た者はおりませぬ。大王よ、いま富蘭那《ふらんな》（プーラナ・カッサパ）という名医がおります。かれは黒業もなく、黒業《こくごう》の報いもない。白業《びゃくごう》もなく、白業の報いもない。黒白業もなく、黒白業の報いもないと教えております。かれはいま王舎城にきておりますから、教えを乞われては如何でしょうか。」

「本当にわしの心を癒してくれるなら帰依をしよう。」

（三）

また、蔵徳《ぞうとく》という別の大臣が見舞にきて申し上げた。

「あまりご心配なさいますな。いま有名な末伽黎拘舎離子《まつかりくしゃりし》という大師《だいし》がおります。この方はこう教えておられます。人間の身体は、地水火風、苦楽、寿命の七部分よりなっている。この各々《おのおの》は安住不動なること須弥山のごとく、利刀《りとう》をもってしても害することはない。故に害するものも死ぬものもない。こう教えて衆生の無量の重罪を除き滅ぼされております。この方をおたずね下さい。」

（四）

次いで実得《じっとく》という大臣が見舞にきて、珊闍耶毘羅胝子《さんじゃやびらていし》という大師を推称《すいしょう》し、また悉知義《しっちぎ》という臣下は阿耆多翅舎欽婆羅《あじたきしゃきんばら》なる大師をすすめ、吉徳《きちとく》という大臣は迦羅鳩駄迦旃延《からくだかせんねん》という大師を推薦し、最後に無所畏《むしょい》という名の臣下は尼乾陀若提子《にけんだにゃていし》という大師の教えを紹介して、

「大王よ、是非お出かけ下さい。いまこの大師にお目にかかれば、すべての罪障は消滅するでしょう。」

と申し上げた。王はただ、

「その師《し》がわしの罪を除くことが明らかならば、帰依するであろう。」

というだけであった[18]。

さらにここから大医の耆婆《ぎば》の登場である。彼と阿闍世王との真剣な問答が幾度も交わされた。耆婆の説得は言葉巧みの上、極めて論理的に相手に訴え、遂いに罪を犯した阿闍世王をして釈尊に合う決心をさせる。

要するに父親弑逆の罪におののく阿闍世王が罪を悔い、釈尊のところに三毒を取り除いてもらうために教えを乞いに行く話しである。その間の問答形式は多彩な譬えと絶妙な話術での説き語りが続く。そうした文章を先にも揚げたが、高崎直道編の長い原文を要約抄出した簡潔な和訳をここに掲載しておこう。

二 耆婆《ぎば》の説得

（一）

そこへ大医《だいい》の耆婆がやってきた。

「大王よ、よくおやすみになれますか。」

「耆婆よ、わしは重い病にかかっている。わしは父王を罪なくして弑逆した。わしはかつて智者がいうのを聞いたことがある。身口意《しんくい》の業が清浄でなければ、必ず地獄におちるであろうと。それ故、わしが安穏に眠れるわけはないであろう。耆婆よ、誰か無上の大医がいて、いま、このわしに法薬《ほうやく》を説いて、病苦から救ってくれるものは無いであろうか。」

耆婆は答えた。

「善《よ》い哉《かな》、善い哉、王は罪を作られたが、心に悔恨《かいこん》して慚愧《ざんぎ》しておられる。大王よ、諸仏はつねにこのように教えておられる。――二つの白法《びゃくほう》があって衆生を罪業から救う。一つは慚《ざん》、他は愧《ぎ》である。慚とは内に羞恥《しゅうち》し、愧とは他人に羞《は》ず。慚愧なき者は名づけて人となさず――と。

善い哉、大王よ、心から慚愧しておられることよ。

もし、諸罪を作っても隠して、悔いることなく、心に慚愧なく、因果業報を知らず、智者に教えを乞《こ》うこともなく、善友に近づかないという人があれば、このような人は如何なる良医も治すすべを知りませぬ。罪人とは一闡提《いちせんだい》のことをいう。一闡提はたとい諸仏世尊ですら、これを治すことはできませぬ。しかし大王よ、あなたは今や一闡提ではありませぬ。どうして救療《くりょう》できないなどといわれるのです。」

耆婆はさらにつづける。

「大王よ、あなたは誰も病を治してくれる者はいない、と仰せられますが、ご存知の釈迦牟尼世尊は三十二相・八十種好をもって自ら荘厳し、一切を知見し、大慈・大悲をもってあらゆる衆生を憐愍《れんみん》することひとり子羅睺羅《らごら》に対する如く、衆生がこれをしたうことは仔牛が母牛につきしたがうごとくであります。時を知って説き、よく衆生をして煩悩を離れしめ、よく衆生のからだ（身根《しんこん》）とこころね（心性《しんしょう》）を知り、宜《よろ》しきにしたがって、方便もて衆生を導かれて倦《う》むことがありませぬ。この仏世尊は今、ここを去ること十二由旬《ゆじゅん》のクシナーラーにある沙羅《サーラ》の双樹の間におわして、広く無量阿《むりょうあ》僧祇《そうぎ》の菩薩たちに妙法を説いておられます。大王よ、もし仏のところに往《い》って無作無受《むさむじゅ》の教えを聴かれるならば、どんな重罪でも消滅するでありましょう。大正よ、いましばらくお聞き下さい。婆羅門の子で不害《アヒンサー》と名のる若者がおりました。かれはさる理由で次々と人を殺し、指を切って首飾りとしたので、世間ではかれを鴦崛摩《おうぐつま》へアングリマーラ）とよんでおりました。さらに母親を殺そうとして五逆の因を作り、地獄陥ちは必定となりました。後に仏を路上で見かけたときも、身心が動き出し、殺そうといたしました。しかし仏世尊にお会いできたため、地獄陥ちの因縁を脱し、無上の完全な悟りにむけて心を発《おこ》すことができました。このようなお力の故に、仏世尊を無上の医者と申し上げるのです。六師《ろくし》などの到底及ぶところではございませぬ。

大王よ、もし私の語を信じられたならば、何とぞ速やかに如来大師仏世尊のところにお出かけ下さい。」

そのとき、阿闍世王は耆婆に答えられた。

「耆婆よ、栴檀林《せんだんりん》がもっぱら栴檀の樹で囲まれているように、如来大師は清浄であるから、その眷《けん》属《ぞく》たちもまた清浄である。如来には煩悩はなく、眷属たちもまた煩悩がない。しかるに、わしはすでに極悪人、悪業に纏《まと》われ、身は臭気に満ち、地獄につながれている。どうして如来のみもとに参ることができようか。もしお目にかかっても如来はことばもかけて下さらないであろう。どんなにそなたが勧《すす》めても、わしは往《い》かぬ。わしは恥じることを知っている。」

そのとき、空中に声がした。

「仏法がいままさに衰滅しそうになっている。法の灯明がまもなく消えそうだ。法に餓えた衆生は道に迷い、煩悩の病は世に満ちるであろう。仏日はまさに大涅槃の山にかくれようとしている。大王よ、一逆罪をつくれば阿鼻地獄に堕ちて一罪の報いを受けよう。二逆罪を犯せば罪は二倍し、五逆を具せば、その罪は五倍する。大王の悪業は罪を免れがたい。どうか大王よ、いますぐに仏世尊のみもとに向え。われはそなたを隣む故に、このことを是非にと勧める。」

この声を聞いて阿闍世は心恐れ、身をあげて戦慄し、五体が芭蕉のように震えた。天を仰いで叫んだ。

「そなたは誰だ。声はすれども姿は見えぬ。」

「大王よ、われはそなたの父じゃ頻婆娑羅《びんばさら》だ。そなたは耆婆のことばに従わねばならぬ。邪見を説く六人の臣の言に迷わされてはならぬ。」

王は悶絶して地に倒れた。

（二）

そのとき世尊は阿闍世のために月愛三昧《がつあいざんまい》に入られ、大光明を放ちたもうた。その清浄な光が阿闍世の身を照らすと、阿闍世の満身の瘡がたちまちに愈《い》えた。阿闍世は身体の熱がとれて清々しさを覚え、おどろいて耆婆にたずねた。

「耆婆よ、いったいどうしたのだろう。わしの身の瘡はすっかり治った。この不思議な光はどこからきたのだろうか。」

「大王よ、この光明はおそらく仏世尊が大王のために放たれたものと思われます。王が先に誰も病を治すものはいないと仰せられたので、仏がこの光でまず王のおからだを治され、そのあと、王のお心を治すおつもりと思われます。」

「耆婆よ、如来世尊はどうしてわしのことを念《おも》われるのか。」

「大王よ、たとえば七人の子をもつ親は、そのうち誰か一子《ひとり》が病になると、父母の心は平等でないわけではないが、病む子の上に心が集中するでしょう。如来もまた、すべての衆生にその慈愛は平等に及ぶけれども、罪ある者にそのお心を偏えに傾けられます。大王よ、この瑞相は如来が月愛三昧に入られて放たれた光明であります。」

「月愛三昧とは何か。」

「大王よ、たとえば月の光がよく優鉢羅華《うばらげ》を開かせるように、この三昧はよく衆生の善心の花を開かせます。それで月愛三昧とよばれるのです。宵闇《よいやみ》の道に月光がさせば、行く人は皆喜びます。それと同様に、この三昧は涅槃への道に難渋《なんじゅう》する衆生に喜びを与えます。真夏の暑熱になやむとき。月光が照らす頃ともなれば清涼となるように、この三昧はよく衆生の煩悩の熱を除き去るのです。」

「耆婆よ、如来は悪人とは一緒にお住まいにならず、談話もなさらない。それはちょうど、大海が死屍《しかばね》をうけつけないようなものだとわたしは聞いている。わしのような極悪人は如来に近づくことはできない。」

「大王よ、渇くものが泉を求め、飢えたものが食物を求め、病人が医者を求め、怖畏《おそれ》を抱く者が救いを求めるように、大王は今、如来を求めなければなりませぬ。如来は一闡提に対してすら法をお説きになります。まして大王は一闡提ではございませぬ。どうして如来の慈悲による救済をうけないことがありましょうか。」

「耆婆よ、わしは聞いている。一闡提とは、信ぜず、聞かず、観察することもできず、たとい法を聞いても、その意味を理解できないと。そのようなものに如来はどうして法を説がれるのであるか。」

「大王よ、如来は一闡提のものたちの根性をよくご存知の上で、かれらのために法をお説きになるのです。そのわけは、もし説かなければ凡人たちは、如来を一切智とおよびできるが、慈悲に欠けるところがあれば一切智ではない、というでしょう。それ故、如来は一闡提にも法を説かれるのです。如来はどんな病人に対しても、法の薬を施されます。その法薬を服用しないのは、病人の罪であって如来の咎《とが》ではありませぬ。大王よ、一闡提には二種あります。一つは現世の善根を得るもの、二つには後世の善根を得るものです。如来は現世の善根のないものにも、後世の善根を得させるために法を説かれるのです。それはちょうど、肥溜に堕ちた人を無理にでも髪を摑んで引き上げるようなものです。如来は三悪道に堕ちた衆生をごらんになると、方便をめぐらして先ず引上げようとなさるのです。」

阿闍世王はようやく心を動かして耆婆に告げた。

「耆婆よ、如来がそれほどになさるというのであれば、わしは吉日《きちじつ》を選んで如来のみもとに参ることとしよう。」

「大王よ、如来の法の中には吉日を選ぶということはありませぬ。急病人が良医を求めるのに吉日をはかることはないでしょう。栴檀の林であれ、悪臭の強い伊蘭《いらん》の林であれ、焼ける様子に違いはありませせぬ。仏前に至れば共に罪障を滅することができましょう。大王よ、どうか今日すぐにでもお発ち下さい。」

阿闍世は遂に決意して臣下に命じて車《しゃ》賀《が》の用意をさせ、摩伽陀《まがだ》を出発した。クシナーラーの郊外に集った大衆はやがて、王の顧従者《こじゅうしゃ》数十万の行列が近づいてくるのを見た。(19)

以上に掲げた引用文章の生生しい劇的描写を想像しながら、今度は親鸞自身が「信巻」にまとめ書きした六師に関する記述箇所を現代語訳で表すと次の通りである。

一　大臣は日月称と名づけ、
　一　その師は富蘭那と名づける。
二　蔵徳といい、
　二　師は末伽梨拘賒梨子と名づける。
三　一人の臣がいて、名づけて実徳といい、

三　師は那闌邪毗羅肱子と名づける。

四　一人の臣がいて、名づけて悉知義といい、

四　師は阿嗜多翅金欽婆羅と名づける。

五　大臣を名づけて吉徳といい、

五　師は婆蘇仙である。

六　加羅鳩駄迦旃延といい、

六　師は尼乾陀若犍子と名づける。

さて、再び「信巻」に関係した『涅槃経』における阿闍世王と釈尊とのクライマックスの語りに耳を傾けて聴いてみたい。そこでは阿闍世は耆婆に対する無量の感謝をもって、釈尊に会え弟子となった喜びを詩偈《しげ》て讃歎する。すなわちお陰で病が癒され、罪から解放された喜びに満ちた阿闍世は、心の内の真実のことばを巧みな語りで讃歎するのである。

ちなみに、その前の部分では一体どうであったか敢えて一言解説すれば、このようにまとめられる。すなわち、罪とその報い。その経重、その有無、また罪によって人を狂わすものを挙げ種々様々に多彩な譬えをもって世尊は王に説き明かす。そしてついに「無常の身体を捨てて一永遠の身体を得て、最高至上の悟りを求める心を起こさせる」に至ったことが語られている。そしていよいよ後半の最終部分が記される。挙げておこう。

もし、このたび世尊にお会いできなかったならば、私は無量劫にわたって地獄にあって無量の苦を受けたことでしょう。幸いにも私は今や世尊にお会いしました。この世尊にお会いできた功徳を以て、衆生のあらゆる煩悩・悪心を破壊することを誓います。もし衆生の煩悩を破壊することができないならば、たとい阿鼻地獄の苦を受けようとも決して厭いませぬ。

世尊はこの阿闍世のことばを嘉《よみ》された。すると、摩伽陀国《まかだこく》の住民たちはひとりのこらず、無上の完全な悟りに向けて発心した。衆生の発心の力で、阿闍世王の重罪は微薄《みはく》となった。

(三)

阿闍世王は耆婆を顧みて、「わしはまだ死ぬことなくして、天の身を得た。無常の身を捨てて常住の身を得、衆生たちを発心させることができた。かくて私は諸仏の弟子となった」と喜び、種々の宝《ほう》幢《どう》、幡蓋《ばんがい》、香花《こうげ》・瓔珞《ようらく》および微妙な伎楽をもって世尊に供養し、さらに詩偈《しげ》をささげて仏世尊を讃歎した。

真実のことばと巧みな語り以《もっ》て、
衆生のために微妙な教えを説きたまう、
如来にわれは帰命せん。
……
如来はすべての衆生の慈父母、
衆生はことごとく如来の子なり。

いまし、如来に目《まみ》え得て、
われは三業の善をなした。
願わくはこの功徳を以て、
無上の菩提に回向《えこう》せん。
仏と法と僧衆とに、
われは供養を捧げたり。
願わくはこの功徳を以て、
三宝が永遠に在らんことを。
これら善業の果報として、
わが受くべき功徳、
願わくはそのすべてを以て、
衆生の四摩《しま》を破らんことを。
われ昔、悪知識に遭《あ》いて、
三世にわたりて作りし罪を、
今、仏のみ前において懺悔す。
願わくは後更《のちさら》に作らざらん。
願わくは衆生たちがことごとく菩提心を発し、
心に繋《か》けて常に十方の諸仏を念ぜんことを。
また願わくは衆生たちが永く煩悩を除き、
仏性を明らかに見ること文殊の如くならんことを。

世尊は阿闍世王を讃《ほ》めて仰せられた。

善い哉、善い哉、菩提心を発すならば、諸仏と大衆を飾ることになる。そなたは毘婆尸仏《びばしぶつ》のみもとで初めて菩提心を発して以来、いまだかつて地獄に堕ちたことはない。菩提心にはそのように無量の果報がある。大王よ、いまより後は、つねに菩提心を修めるがよい。そうすれば無量の悪を消すことができよう。

このことばを聞いて阿闍世王は、摩伽陀の人民ともども、座より立ち、世尊の囲りを三度《みた》びめぐって、辞去して帰っていった[20]。

四無量進

梵行《ぼんぎょう》（「梵行品」）とはここから来ている章である。すなわち、梵の果を得る行としての慈《じ》・悲《ひ》・喜《き》・捨《しゃ》の四無量心（補記：四無量心とは四等・四梵行ともいう。すなわちそれは、①慈無量心：多くの人々に深い友愛の心を無量に起こすこと。②悲無量心：多くの人々の苦しみに同感共苦する心を無量に起こすこと。③喜無量心：多くの人々の幸福を見て喜ぶ心を無量に起こすこと。④捨無量心（大捨の意）：あらゆる執着をすてる心を無量に起こすこと。以上の四つの心を無量に起こし、無量の人々を悟りに導くから四無量心といわれる）の修行のうち、大捨（捨無量心の意）すなわち、無作・無受の行の実例である。

翻って、そもそも『涅槃経』は日本では「一切衆生悉有仏性（一切の衆生は悉《ことごと》く仏性を有す）」という経文によって知られている。また、中国以来の伝統では戒律を守ることを扶《たす》け（仏性を現し出すためには戒律を守って修行すべきだという主張）、如来の常住・如来の普遍性を説くことを主眼とする経典とされている。

したがって、このなかに仏性の普遍的常住性も含まれている。

『涅槃経』の全体がどういう内容のものか、これで理解できたかと思う。ここでもう少し「信巻」に出典される箇所内から、仏教思想の肝要な点を簡単に箇条書きに摘出し記述してみたい。

釈尊の説く二十の事

一、因果業報思想

二、正法の要の教え――この二〇の事を観察すること。

1、この身は空である。

2、何らの善根も具わっていない。

3、輪廻する。

4、つねに悪道に陥《お》ちるおそれがある。

5、仏性を見るべき智慧もない。

6、禅定も修していない。

7、生死は常に苦で常・我・浄がない。

8、八難をさけ難い（地獄・畜生・餓鬼・長寿天・辺地・盲聾瘖瘂・世智辨聴（世俗的な智慧があっても邪見に陥る者）・仏前仏後（仏がこの世におられない時代）。

9、いつも怨敵に逐《お》われている。

10、輪廻を解脱すべき一方法すら見えていない。

11、三悪趣（地獄・餓鬼・畜生）からのがれられない。
12、種々の悪見・邪見をもつ。
13、五逆から度脱する術《すべ》がない。
14、生死輪廻は窮まり無い。
15、業を作らなければ果報は生まれない。
16、自分が作った業の果報を他人が受けることはない。
17、楽の因を作らなければ楽果はない。
18、もし業を作れば必ず果報をうける。
19、輪廻の道に生まれては死ぬのは無明（人生の真理に対する正しい智慧のないことで、事象や道理をはっきり理解できない精神状態。つまり苦悩や不幸の根本原因とし、迷い惑う心理作用（愚癡）をそのすがたとする。初期仏教以来十二縁起説が重要視されている。その第一が根本煩悩である無明であり、この誤った智慧によって人間のあらゆる行為・経験がつまれていくとされる）による。
20、過去・現在・未来において衆生はつねに放逸《ほういつ》を行じている。(21)

釈尊は、凡夫はこの身においてまさに二十の事を観察すべきだという。そしてこのように観察すればその人は生死を望まなくなる。生死を望まなければ心は静まり、智慧が生じ、戒を保って悪を作らなくなる。悪を作らなければ、死も畏《おそ》れず、三悪道を畏れることもなくなる。この二十の事を観察しない者は心は放逸となり、悪として作らぬものはない、と説き諭す。さらに「大王よ、罪業には軽罪と重罪とある。意《こころ》と口《くち》とで作った罪は軽いが身《からだ》と口と意で作った罪は重い。意に念《おも》っただけで口にもしなかった罪はさらに軽い」と語る。またさらに釈尊はつづけて「色・受・想・行・識という個体を構成する五つの要素の無常・苦・空・無我なることを観ぜよ」と阿闍世に教えた。阿闍世は釈尊に会われ、巧みな比喩と方便をもっての教えに開眼され、地獄陥ちの因縁を脱し、無上の完全な悟りにむけて菩提心を発して仏世尊を讃歎したことは既に記した通りである。このような力の故に、仏世尊を「無上の大医」「大良医」「大悲導師」と言うのである。このことから、六師などの到底及ぶところでない、と率直に真実を耆婆という名医が語るのである。(22)

結び（その一）

『涅槃軽』という軽典について解説言及しておきたい。

すなわち『涅槃軽』と呼ばれる経典は、数多く残っていて、その内容もさまざまである。だが全部に共通していることは、釈尊の入滅、すなわち仏教の教祖釈尊の死という事件を巡って書かれている経典だということである。この「涅槃」は正確には「大般涅槃《だいはつ》」と言い、「偉大なる完全な涅槃」の意であり、釈尊の死を指す言葉になっている。

元来、「涅槃」は釈尊が悟りを得たときに達成した〈境地〉を表し、煩悩を抑止し、苦が消滅した状態を言い、したがって「滅」「苦滅」ともいわれる。釈尊は弟子たちにも修行によって同じ境地に達することを求め、多くの弟子たちがそれを実現し、その弟子はアラカン（arahant を音写して阿羅漢、それをさらに略して羅漢）とも呼ばれた。それは涅槃の境地に安住する仏教的聖者の理想像を指差して、主として大乗仏教の側の人びとがもちいた用語である。彼らが人間存在の完成、自己形成に専念する正統派のゆき方を批判して、大衆の救済をこそ先とすべきことを主張したことにあった。その数は五百人ほどになった。五百羅漢とはそうしたことから言われることばである。[23]

そうした大乗仏教は一挙にして成ったものではなかった。第一波は個人と大衆の救済を問題にした進歩的主義の比丘《びく》たちの中から、おそらく大衆部の思想的系譜につながるところから生まれた。第二波は紀元前第二世紀のころから紀元後第一世紀のころにかけて大乗経典の幾つかが制作された。第三派は第二～第三世紀にかけ、これらの大乗経典をよりどころとして龍樹（Nāgārjuna《ナーガールジュナ》 一五〇年頃～二五〇年頃）の優れた思想的活動が展開されて、大乗仏教なる鮮やかな姿が仏教の舞台の前面におおきく現れてきた。

この第二派～第三派と平行して発展したのが初期大乗仏教である。これは西暦元年前後から西暦三〇〇年ころまでの仏教であって、大乗仏教がもっとも新鮮で、しかも純粋な形で存在していた時代である。仏教の信仰実践を中心として、釈尊の真精神をもっともよく発揮しているのが、この時代の大乗である。この点は初期大乗の経典や論書の中によく現れていることからわかる。

初期大乗の経典としては、般若諸経（『大般若経』『大品般若経』『小品般若経』『金剛般若経』『理趣般若経』『般若心経』『仁王《にんのう》般若経』等）、『維摩経』『華厳経』（六十巻本・八十巻本・四十巻本等）、『法華経』、『無量寿経』（康僧鎧《こうそうがい》――魏の嘉平四（二五二）年にインドまたはサマルカンドから中国に渡来し、同年洛陽の白馬寺において『無量寿経』上・下二巻その他を訳出したという――訳とされているが、近年の訳経史の研究によれば、それは訳経録の伝承過程における誤りで、正しくは仏陀跋陀羅《ブッダバドラ》および宝雲の共訳になるものであろう、と考えられている。しかも成立は遅くし五世紀ではないかとされている）などがあり、これらの経典を研究した学者に先に名の出た龍樹・提婆《だいば》（迦那提婆）等がいた。

また中期大乗仏教の経典としては『如来蔵経』『勝鬘経《しょうまんぎょう》』『大般涅槃経』（『大般涅槃経』には『小乗涅槃経』と『大乗涅槃経』に分かれる。『小乗涅槃経』は法顕（三四〇?～四二〇?年）によって四一八年に訳されており、また龍樹の『大智度論』に引用されていないから龍樹から世親（三二〇?～四〇〇?年）に至る間、つまり三〇〇年前後に成立したものと思われる。親鸞が使った『涅槃経』はいずれも『大乗涅槃経』の方であり、これは仏陀が入滅前に説かれた教義を内容としている）がある。

ここで大乗と小乗の特徴的相違点に触れておきたい。

原始仏教、つまり釈尊存世当時の後に、仏滅百余年以後から成立した部派仏教（仏教教団の中に、戒律や教理の解釈などにおいて異説が生じ、保守派と革新派の間に意見の対立が現れるようになった。革新派は大衆部（Mahāsaṅghika）と称し、保守派は上座部（Theravāda）と言われて伝統を形式的に保持した）は、次第に形式化・形骸化して、仏教本来の宗教的立場を失った。そのために仏教を釈尊の正しい精神に復帰させようとして、仏滅後四〇〇年のころから大乗仏教が唱道されだした。大乗では、部派仏教を小乗（hīna-yāna、小さな乗物、劣った乗物の意味）や声乗・声聞乗（小乗仏教では仏の教えを聞くことによってはじめて悟りが得られるからである。声聞とは仏弟子のことであって、十大弟子をはじめとする釈尊の弟子たちはすべて声聞と言われる）といった名によって軽蔑し、自己の立場が仏教の真精神を伝える大乗であるとした。そこで小乗の特徴はここでは略記し、初期大乗仏教の特徴のみを本論叙述の関連上、箇条書きに掲げて示そう。

・仏陀となることを目的とする菩薩思想（菩薩乗）⟷声聞乗（部派仏教。以下同様）

・成仏の願行のために自らがねがって悪趣でも進んでおもむく自律主義（願行思想）⟷（業報思想）
・一切衆生を救済し社会全体を浄化向上させる利他主義（大乗）⟷（小乗）
・般若の智慧による無我無執着の空《くう》の態度（空）⟷（有）
・理論や学問よりも信仰実践を重視する。その理論は空論でなく、実践の基礎としてのもの（実践的・現実的）⟷（理論的・観念的）
・在家大衆的であるにかかわらず、その境地は第一義的な高いもの（勝義の在家仏教）⟷（低俗の出家仏教）

ついでにもう少し分かりやすく具体的表現で説明し、大乗菩薩精神そして利他行の慈悲のこころの理解につなげたい。

大乗仏教では、すべての人々（他の動物や山河草木、国土悉界に至るまでをも含む）は仏性を具えている（一切衆生悉有仏性）から※1菩提心を起こして〈菩薩〉となることができる。仮に菩薩としての誓願（例えば※2四《し》弘誓願《くせいがん》）と自覚をもって※3六《ろく》波羅密《はらみつ》などの修行を積みさえするならば、それこそ誰でもが仏陀（覚者、悟った者の意）となることができるとした。この思想は小乗と比べれば天地の差ぐらいに大きな意味がある。つまり、従来のように今生に仏となれないでも、未来永劫の間には必ず成仏することができる、そしてこの自覚と決意と努力（まさに苦行荒行はその象徴である）があるならば、絶対に仏になれると信ずる悲壮的観念的であり、非現実不可能的で卑屈な思いはいだく必要がなくなる。大船に乗ったつもりで尊大の気持を胸にして菩薩道としての修行に邁進することができるからである。ここに小乗（声聞乗）と大乗（菩薩乗）との意気込みというか、考え方の根本的な相違がみられるのである。[24]

※1　菩提心とは道心《どうしん》とも言い、菩薩すなわち悟りを求める心である。菩薩心を起こした者は菩薩と言われ、菩薩は同時に四句誓願などの願いをもつ。

※2　四弘誓願とは、すべての菩薩に共通して存在する四つの誓願であって、それを原文と和訓をならべてみると、次のようである。衆生《しゅじょう》無辺《むへん》誓願度《せいがんど》（衆生は無数無辺にあるけれども誓ってかれらを救済度脱することを願う）

煩悩《ぼんのう》無尽《むじん》誓願断《せいがんだん》（理想をさまたげる煩悩は無限無尽にあるけれども、誓ってこれを断滅することを願う）

法門《ほうもん》無量《むりょう》誓願学《せいがんがく》（仏教の教えとしての法門は無量無数であるけれども、誓ってこれを学ぶことを願う）

仏道《ぶつどう》無上《むじょう》誓願《せいかん》成《じょう》（仏の悟りは無上最上のものであるけれども、誓って悟りを開いて仏と成ることを願う）

上記の四弘誓願とは、一口に言って、他を救済し自らを完成するための四つの願いごとを唱えた誓いのことばである。

この原文は、湛然《たんねん》（七一一〜七八二年。彼は江蘇省の儒家に生まれ、天台の門に入り、律・禅・華厳・唯識にも深い理解があり、唐の帝に招かれたが応じなかった。江南地方の各地で天台智顗《ちぎ》の著述の研究とその発揚に努め、晩年は天台山に帰った。智顗を初祖として六祖と通称される）の『止観大意』に出典してくる。さらに辿ってその原型をたずねてみると、『心地観経《しんじかんぎょう》』の巻七に、次のような一節を見ることができる。

一切の菩薩は、また四つの願を有し、有情を成就し、三宝を住持して、大海劫を経るもついに退転せず。いかんが四つとなす。一つには誓って衆生を度す。二つには誓って一切の煩悩を断ず。三つには誓って一切の法門を学す。四つには誓って一切の仏果を証す。

ところが、それら四つの誓願は、結局は「上求菩提」と「下化衆生」の二句に含まれる。すなわち最初の一番目は「下化衆生」に属する。そして一番目〜四番目の以下三つの誓願は、あきらかに「上求菩提」

の願いに属することがわかる。しかも、この四弘誓願の最初に「上求菩提」より先に「下化衆生」の願いが置かれている。ここに明確に大乗仏教者たちの思いが期せず表現されていることに気付く。

しかしそれらの誓願は今なお、総括的である。つまりまだ抽象的であって具体性がない。〈衆生は無辺であろうとも、誓って済度したい〉と願う。一体、その願いとは何なのか。ところが、実は「総願」に対する「別願」がある。たとえば、薬師如来は菩薩であったころ十二の大願を起こしたといわれる「薬師の十二願」がある。そのなかの事例を幾つか示すと、

「一切衆生の衆病を除き、身心安楽にして無上菩提を証得せしむるの願」（第七願）

「衆生をして悪王・劫賊等の横難を解脱せしむるの願」（第十願）

「飢渇の衆生に上食を得しむるの願」（第十一願）

「貧乏にして衣服なき者に妙衣を得しむるの願」（第十二願）

などの条項が記されてある。それは『薬師瑠璃《るり》光如来本願功徳経』の記すところである。

また、阿弥陀仏が菩薩であったころ四十八の誓願を立てたとある『無量寿経』（法然は本経のほかに『観無量寿経』『阿弥陀経』を加えていわゆる浄土三部経を立てる。親鸞は特に浄土真実の教えと捉え「往相の廻向について、真実の教行信証あり。それ真実の教えあかさば、すなわち『大無量寿経』（『無量寿経』の別称）これなり」と記している）の十八願に、「もしわれ仏を得たらんに十方の衆生、至心に信楽して、わが国に生ぜんと欲し、乃至十念せんに、もし生ぜずば、正覚を取らじ」とあり、親鸞はこの願を王本願と称したほどである。

またさらに『法華経』の「常不軽菩薩品」に説かれる「常《じょう》不《ふ》軽《ぎょう》菩薩《ぼさつ》」も誓願の文句は見えないが、同じ部類にかぞえられるかと思う。

※3

六波羅蜜多《ろくはらみた》の「波羅蜜多（pāramitā《ペーラミター》）」とは梵語の音写で、「彼岸に到った」と「彼岸に到れる状態」とする説の二つの意味が代表的である。現代語としては完成がこれにあたる。大乗仏教の菩薩の実践すべき徳目を

総称してこういう訳で、この徳目の実践によって、悟りの彼岸に到達できることから、〈彼岸に到れる状態〉と名づけられたのである。これに六種を数えるから六波羅密多となる。すなわち、それは次の六つである。

①布施《ふせ》：人に財を与え、真理（法）を教え、安心（無畏）を与えること。
②持戒《じかい》：戒律を守ること。
③忍辱《にんにく》：迫害困苦を耐え忍ぶこと。
④精進《しょうじん》：身を励まして、他の五波羅密を修める努力を継続すること。
⑤禅定《ぜんじょう》：心を集中し安定させること。
⑥智慧《ちえ》（般若）：迷いを離れ、存在の背後にある実相を悟ること。

なお、第六の般若を、方便・願・力・智の四つに開いて十波羅密とすることもある。これは『華厳経』に見られる。いずれも、自己を完成すると同時に、多くの他者を利益することを目的としている。この徳目が、まず、〈与えること〉から始まることは注目すべきである。

実はその〈与えること〉が如何に難しいかを、『聖書』「マタイによる福音書」第一九章一六～三〇節は富める青年の譬え話を使って見事に物語ってくれている。現実問題としては無償の布施はなかなか難しく、何か考えさせられるところである。

するとの、ひとりの人がイエスに近寄ってきて言った。『先生、永遠の生命を得るためには、どんなよいことをしたらいいでしょうか』。イエスは言われた、「なぜよい事についてわたしに尋ねるのか。よいかたはただひとりだけである。もし命《いのち》に入りたいと思うなら、いましめを守りなさい」。彼は言った、『どのいましめですか』。イエスは言われた、「『殺すな、姦淫するな、盗むな、偽証を立てるな。父と母とを敬え』。また『自分を愛するように、あなたの隣り人を愛せよ』」。（補記：この箇所を仏教の「上求菩提」と「下化衆生」に対比して身近に引きよせ捉えられないだろうか）この青年はイエスに言った、『それはみな守ってきました。ほかに何か足りないのでしょう』。イエスは彼らに言われた、『もしあなたが完全になりたいと思うなら、帰ってあなたの持ち物を売り払い、貧しい人々に施しなさい。そうなれば、天に宝を持つようになろう。そして、わたしに従ってきなさい』。この言葉を聞いて、青年は悲しみながら立ち去った。たくさんの資産を持っていたからである。

他方、さらに菩薩の修行法として、布施・愛語・利行・同事の四摂法（四摂事）がある。これは布施を中心にした菩薩の慈悲行をまとめたものである。なお、四摂法については、第五章「道元の菩薩道と福祉の精神」で詳論しているので、それに譲りたい。

結び（その二）

ところで、親鸞は『教行信証』「信巻」で重罪とされる五逆《ごぎゃく》（五つの罪悪。五無間業《むけんごう》ともいう）と謗法《ぼうほう》（仏法の正しい教えをそしること）を如何に捉え理解したのだろうか。そのことを知ることは重要な問題である。その点について答えよう。

すなわち、①父を殺すこと、②母を殺すこと、③阿羅漢を殺すこと、④仏身より血を出すこと、⑤仏教教団の平和を乱すことの五つ。ならびに誹謗正法の「五逆・謗法」と言われる最も重い罪悪を犯した者は命が尽きた後ただちに無限地獄に堕ちるとされ、したがって別に無間業ともいわれる。そこで浄土三部経の『無量寿経』にはどう説いているかといえば、法蔵菩薩が四十八の誓願を立てて一切衆生の救済を誓ったことが述べられている。ただし、第十八願の文には「ただし五逆と誹謗正法とをばのぞく」と記されている。

また一方、同じく浄土三部経の『観無量寿経』には、たとえ五逆の重罪を犯した者であっても、十念の念仏の力によって浄土に往生ができる。つまり救済されることが説かれてある。この五逆の罪が本願から除かれるか否かの問題は浄土教の中で論議されてきた課題であった。親鸞が選んだ浄土信仰を築いた七高僧の中で、中国人三人の曇鸞《どんらん》・道綽《どうしゃく》・善導《ぜんどう》とあり、その曇鸞の『浄土論註』には、次のような解釈をしている。すなわち、『無量寿経』が「除く」と述べているのは五逆と誹謗正法とを兼ねているからで、『観無量寿経』の説は五逆のみを犯せる者を摂取し救いとることを示したものであって、五逆よりも謗法の罪の方が重いとしていた。

しかし浄土教の本義は一切衆生の救済にこそあるのであり、親鸞の悪人の自覚（『歎異抄』では「悪人正機」説が色濃く唱われている）からすれば自己も五逆も謗法も犯しかねない業をもつ救い難い「煩悩具足の凡夫」「罪悪深重《じんじゅう》・煩悩熾盛《しじょう》の衆生」なのだから、救済に条件が付けられるのは阿弥陀仏の真意ではない。唯円の編んだとされる『歎異抄』では、親鸞から直接聞き得た教えを彼なりにまとめ上げ「自力のこころをひるがえして、他力をたのみたてまつれば、真実報土の往生をとぐるなり。煩悩具足のわれらは、いづれの行にても、生死をはなるることあるべからざるを、哀《あわれみ》たまひて、（法蔵菩薩が）願をおこしたまふ本意、悪人成仏のためなれば、他力をたのみたてまつる悪人、もとも往生の正因なり、よりて善人だにこそ往生すれ、まして悪人は、と仰さふらひき」と書き留めている文面より知りうる。そうした解釈観点から遡って、曇鸞から道綽そして善導に至って、ようやく『観経疏散善義《かんぎょうしょさんぜんぎ》』において『無量寿経』に五逆・謗法を除くと記されてあるのは、これらの罪の重大さを自覚させ知らしめて衆生をいわば「抑止《おくし》」する意味であり、決して救い摂らないという訳ではないとした。

同じくそうした善導の解釈を踏襲し、親鸞もまた『教行信証』の「信巻」でそのことを五逆謗法に関し徹底してこれまでの諸解釈を洗い出し、教相判釈《きょうそうはんじゃく》し論理的に研究記述している。そうした「……抑止門について解しおわりぬ」と論究した記述箇所の少し前の「信巻」の結びの所で「難化《なんけ》の三機（教化し救済し難い三種の機類。五逆・謗法・一闡提を言う）、難治《なんじ》の三病（治療できない程の重病人。難化の三機に同じ。これらは他力念仏本願一乗の教によってのみ救われる）は、大悲の弘誓をたのみ、利他の信海に帰すれば、これを矜哀《こうあい》して治《じ》す。これを憐憫《れんみん》（あわれむ）して療《りょう》したまふ。たとへば、醍醐の妙薬の一切のやまひを療するがごとし」と述べている。要するに簡単に意味解釈していえば、いかなる重罪大逆の衆生であっても、阿弥陀仏の本願力を信じ念仏を唱えるとき必ずや往生を得るものとしたのである。

親鸞が「行巻」で「しかれば大聖の真言（釈尊の教説）に帰し、大祖の解釈（七高僧の解釈）に閲して、仏恩の深遠なるを信知して、『正信念仏偈』をつくりていはく」として、その中で「極重の悪人はただ仏を称すべし」（蓮如の『正信偈』和讃では「極重悪人唯称仏《ごくじゅうあくにんゆいしょうぶ》」と唱す）とする「極重悪人《ごくじゅうあくにん》」と阿闍世王の重罪とが重なることは確認できる。すなわち極悪の人、十悪・五逆の罪を重複して犯した者を一括総称して「極重悪人」と一言で言っている言葉の意味には、『歎異抄』第一章に唯円が語る「罪悪深重の衆生」に照らして同じである訳である。

それをさらにルーツを溯っていけば、たとえば『教行信証』「信巻」に登場する王舎城の悲劇の主人公・阿闍世王に行き着くことは説明の必要がなく明瞭である。父への惨虐非道な殺害者、母の殺害未遂者でもある悪逆の大王・阿闍世。そうした悪心深きかの大王にしてももし救われないならば、われわれもまた救われる見込みがない、というのがその主題となっている。これに関しては『涅槃経』の文が幾度も引かれており、釈尊は「われ阿闍世のために涅槃に入らず」と如何なる極悪人であっても救済させるとする強い決意を語る。親鸞はこの阿闍世が救済される姿を暗示しているが、同様のことは「罪悪深重、煩悩熾盛の衆生をたすけんがため」に阿弥陀仏の本願が発《おこ》されたものと置き換え、それに親鸞独自の見解を「念仏信心正因」に掲げ「しかれば本願を信ぜんには、他の善も要にあらず、念仏にまさるべき善なきがゆへに。悪をもおそるべからず弥陀の本願をさまたげぐるほどの悪なきがゆへに」と、唯円は親鸞直伝の教えとして書き留めた。この語り口調は本当に親鸞が常日頃弟子の唯円に語っていた言葉の内容であったのか。または唯円が拡大解釈した誇張的文章表現となったのか。多少の疑問も残るが、親鸞思想から照らし合わせ考えて間違いはないと考えたい。

父を殺し王位を継いだ阿闍世の悪逆非道の問題であるが、その阿闍世ははたして宗教的に救われるのか、それとも救われないのか、という議論がある。親鸞はこのテーマを取り上げ、悪人逆害の阿闍世が救われるには二つの条件があるとほぼ断言的に言っている。一つは「善知識」、すなわち良き師に就くこと。もう一つが「懺悔《ざんげ》」し悔い改めることを説く。つまり悟りに達した良い師に就いて深く懺悔するという二つの条件が問われており、その点がクリアされないかぎり、極重の悪人である阿闍世は救われないだろうと、親鸞は『教行信証』の中で言っているのである。しかし、また一方で親鸞は「不廻向《ふえこう》の行」を「行巻」で説いている。不廻向の行とは、念仏は如来から与えられた（すなわち廻向せられた）行であって、凡夫が自己の力によって修した功徳を悟りのためにさしむけて（すなわち廻向して＝自力廻向の意）往生を願う行ではないことを意味する言葉である。したがって答えは「行巻」のこの一節に窺い知られる。すなわち、

［私釈］（不廻向の行）あきらかにしんぬ。これ凡聖《ぼんしょう》自力《じりき》の行にあらず、かるがゆへに「不廻向の行」となづ

くるなり。大小聖人《しょうにん》・重軽《じょうきょう》悪人、みなおなじくひとしく選択の大宝海に帰して念仏成仏すべし。（『真宗聖典』（全）一七四頁、法蔵館）

と記す通りの意味である。すなわち分かりやすい現代語文章に置き換えると、以下のようになる。

以上によって、称名が愚かな人や聖者の行う自力の行ではないことが明白になった。それは仏によって称えるようにさし向けられたものだから、これを「不廻向の行」と名づけるのである。ここに、大乗・小乗の聖者にしても、重罪・軽罪の悪人にしても、みな同じように等しく、仏の選びぬかれた本願である広大な宝の海に帰して、念仏を称え仏になるだろう。このようなわけで、『浄土論語』には、「かの安楽国土に生まれるものは、まさに阿弥陀如来の、あの清らかなさとりの花から生じたものにほかならない。すべては等しく一様に念仏して生まれるのであり、このほかに別の道はないのだから」と言われたのである。

しかし親鸞思想から言えば、念仏して安楽国に生まれるといっても、それは決して死後往生極楽世界のことではない。今ここに凡夫人が生命を燃やし生きている現在において「念仏成仏これ真宗」の真意が説かれていることに目を向けなければ正しい理解にならない。その証拠に『歎異抄』の「浄土へいそぎまいりたき心のなくて、いささか所労（病気の意）のこともあれば、死なんずるやらんと、こころぼそくおぼゆることも、煩悩の所為なり。久遠劫よりいままで流転（六道輪廻の意）せる苦悩の旧里はすてがたく、いまだむまれざる安養の浄土はこひしからずさふらふこと」（同、七八九頁）と記す一節が何よりも雄弁に語り明かしているからである。

密教行者の実践現場の声

さて、そこで実践現場の世界にしっかりと大地に両足を降ろして、理論から離れ、今ここの足元に光を当てて論じてみたい。まず先に挙げた「善知識」と「懺悔」の二つの条件を念頭におきながら一宗教者の実践体験談そして「病」「癒し」の問題をも含め、真言密教行者の興味深い具体的個人的見解を紹介し、身近な理解へと導く一助としたい。その人とは織田《おだ》隆弘《りゅうこう》・学修灌頂《がくしゅかんじょう》入壇伝灯大阿闍梨《にゅうだんでんとうだいあじゃり》である。ここで織田師の略歴を簡単に記しておこう。

大正三年二月、青森県弘前市の商家に生まれる。幼少より母親に感化され神仏に対する信仰を深め、長ずるにいたって僧侶を志ざす。昭和九年二十歳の時、高野山に上り得度入道、修行にはげむ。昭和一三年、高野山大学選科修了。修行約六年にして京都にいたりさらに研究を重ねる。昭和一五年、虚空蔵求聞《こくうぞうぐもん》持法百日成満《じほうひゃくにちじょうまん》。昭和一六年、四谷にある真成院の住職となる。昭和二二年青森市に高野山別院を創建するとともに、社会福祉事業に活躍する。昭和四七年六月、「四谷霊廟」を建立。僧俗の瑜伽加持実修道場を併設する。昭和四九年、高野山において学修灌頂入壇伝灯大阿闍梨の位を受ける。著書として、『難病を救う真言密教』『密教こそ絶対他力の本源なり』『親鸞と密教の核心』等がある。著書『これが密教だ——奇跡の法力と信仰の原点——』（密門会出版部、平成二年）から引用列記して示そう。

真実、殺生等の怨恨の業因によって病気の原因となっているものは、そうたやすく解決するものではなく、いかに真言加持法をほどこしたといっても、徹底した懺悔（本書の別の箇所では「一番大切なのは懺悔文を何十遍でも心から読み、後は十善戒を唱え、反省しそれを破っては縫い、破れてもまた縫うように努力することです」

と記している）と、積徳がなければ解脱させることはむずかしいのです。したがって、悟りを体得した聖者でもない、疑似宗教の即席教師に障りを除くことができるはずはありません。理由のない魔神の障りは、正法によるならばすぐに除けても、根の深い祟りは、原因相応の懺悔と、滅罪法を心からしなければ、いかに宗教といっても外部から払うような考え方では解決できません。それで取り払えるのならば仏教は必要ではありません。釈尊も弘法大師も苦労されなかったでしょう。

「仏法に不思議なし」という諺があります。仏法とは真理を説き、そして苦悩を解決する教えであり、常に因果の理法を正視する教えであります。

宿業、すなわち因縁には懺悔行が大切です。積極的には、正法に供養し、信仰、奉仕することです。邪教邪師に家産を寄贈しても宿業を増すだけです。せっかくの供養や寄進も、悪法のために協力することは罪悪増大になるだけで、なんの功徳にもなりません。また医学上の正しい研究開発によって多くの病気はなおりますから、それを霊の障りのみに原因があるとする教えも注意しなければなりません。（一〇五〜一〇六頁）

さらに続けて以下のように述べている。

法然上人の説いた絶対他力から考えてみますと、大日如来の仏格こそ、絶対至上の本尊でなければなりません。……知識や学識で認識しようとしても、とても不可能、不可得な実在なのです。人の目に見える世界を迷いというのは、人間の表面のみの浅い愚かな知識だけをもって、目に見える表面世界のみを存在するものと判断するところに原因があるようです。

大日如来の大悲は、この「身口意《しんくい》」の三密、すなわち三方面によってほどこされ、現出されている大利益にほかならないのです。……私たち人間が、いろいろと苦しみ悩むのは、この大自然の現象にそくした理があるのを悟らないからです。医学もこの生理現象を正しく把握することです。……。

人間が難病にかかる原因をみますと、貪欲《どんよく》、瞋恚《しんに》、愚痴《ぐち》が健康な人の自律神経の正常な働きを狂わせるからである。迷った心、偏った執着心が因となっているのです。自律神経は脳中枢神経から末梢神経に命令し、また正しく末梢神経からの報告ともいうべき刺激が脳に受信されるのです。これが狂ってしまうのです。そのため、当然生理機能に故障がおこることになります。

　これを知らないで、やれ薬だ、医師だ、レントゲンだ、精密検査だと騒ぎますが、結局のところ、医療診断機器でとられない時は、病気ではないということになってしまいます。機器の不完全性を知らず過信することが多くあるようです。したがって現代医療は多くの診断が狂っており、医師の尊い経験よりも、不正確な科学的データによりことが決定されるといった大きな危険をふくんだ場合があります。

　一つ一つ例をあげるまでもなく、多くの慢性患者は、その原因に腎臓病の関係のあることを知らず、また医師は、今日では完全と考える尿検査の結果、腎蔵病にあらずと誤診したり、体内の病細胞が尿に出て排泄されたのを腎蔵病と誤り、投薬や注射をしていることは、逆に造病結果を招いているのではないでしょうか。このことに早く気がついてもらいたいものです。

　めずらしいことに、私は医師ばかりの集りである、ある学会から講演を依頼され、このことをお話ししたことがあります。専門家ではない私としては、精一杯に体験を吐露したものでした。霊感とか、瑜伽行《ゆがぎょう》の力でなくても、熱心に触診するだけでも病源があきらかにわかるということを私は提唱しました。最近になって、謙虚にそれをもとめる医師もあることは嬉しいことです。……要するに、医師も三密の極意によって、この場合の病源がわかり、したがって適切な療法がわかるはずです。

　真言密教では、大日如来と衆生との加持感応によって、すぐれた病者を快癒にむかわせることになるのです。さらにいえば、人は誰でも重い罪業を負っていますから、この点は必ず自ら懺悔をして、しかも私たちの不徳を救われる大日如来の大悲を素直にいただき、感謝（同じく同書において「感謝のお詣りこそ、最も大きなご利益を授かることなのです」とも記している）する生活が自然にご利益をいただく道であることを忘れてはなりません。加持力とは病者の生きる力、自然治癒力に直接通じる法でありますから、肉体や神経に刺激をあたえて、生理機能を呼ぶより早いことと、根本的な生命力を盛んにすることなのです。したがってこの生命力を直接盛んにできない病状は、他の薬物や、理学的な施術をしても効力の起こらないことは当然の理法ではありませんか。世に迷信多く、正法の師（同じく同書の中で「指導者がいない場合には良い仏書をもとめることです。特に大切なことは、仏様の教えとご利益は、この教えを正しく行う人にあるということです。法は人によって興ります。したがって正しい師によって自から利益を知らされるのです」と記し、正師の如何に大切かを強調している）が少ないことは永い歴史の証明するところです（一〇五～一一五頁）。

また、織田・真言行者・大阿闍梨は、具体的な救いを求める現代人にこそ、弘法大師の教えが最も相応した、理解されやすい教えであることを明確に伝達すべきだと強調している。それは唯物主義に立ち、誤った文明に対して、その誤りがどこにあるのかを、観念論ではなく、厳正に主張できるのが密教の教えであり、加持秘法《かじひほう》の妙果のすばらしさであるからだという。

弘法大師の教えとその生存中の大きな記録とを見ると、国家のために修法することが五十一箇度（回）であったといわれる。要するにこれは日常の修法のほかの公式の構え、つまり道場と壇とを備え、儀式公式の構えを大きく準備した上で、「国家安穏諸民長久《こっかあんのんしょみんちょうきゅう》」「天下泰平五穀成就《てんかたいへいごこくじょうじゅ》」等の国家のために行った大修法であった。このように弘法大師空海は現世の利益を尊重し、経のとおりに修法祈祷を行った。しかもそれらの祈祷は、今日のように一時間や二時間の祈りではなく、一回の祈りは数日とか、三週間、時には数カ月とかの日時を重ねたものが多かった。そうした厳しい加持修法を実修するなかに多くの霊験法力を得て抜苦与楽、利他増益の功徳を施し、俗に治病・延命・得財その他さまざまな願いごとを適え、天皇から庶民に至るまで大勢の人々の幸福・恩恵を招来させたのである。これは決して仮方便といったものではない。加持修法の祈祷そのものが即身成仏につながり、成仏道の慈悲の行であるからなのだと言えよう。言い換えれば、空海が唐から帰朝後の修法は、すでに仏智大悲に立ったところの、現世を密厳浄土――『大乗密厳経』に説く浄土で、大日如来がいる所の浄土である。真言宗では実はこの汚れた国土そのままが密厳仏国と説く。本来、如来の体としての真如・法性が無目的にそれ自体として働く浄土をいう――とする大菩薩の信行、菩薩道・菩薩行であった。要するに修法者としての空海は大悲心を秘めた菩薩としての道を行為実践で現し証明したということができよう。

ところで織田師は真言密教を次のように把握し、実に身近な宗教としての教えを分かりやすく、興味を引き付ける論調で語りかけてくれている。挙げておこう。

大師の奉ずる大日如来の教えでは、すべての衆生は生まれながらにいろいろな業因によって、それぞれに変わった性質、特長、欠点を有しています。そして、ほとんどの人は三毒《さんどく》の煩悩（貪瞋痴《とんじんち》）に立った生活をしており、いかに仏が現われても、容易にこの三毒の煩悩を殲滅《せんめつ》することはできません。しかし、大師は一面にはこの人間の欲望欲心に節度をもたせることによって、すなわち、煩悩があるが故に、社会の発展、宇宙の開発がなされ、文明文化が開かれるのであるといっています。したがって、問題はその三毒の煩悩をどういう具合に誘導すれば仏国浄土を建設する力になるかということになります。

病気を主題として考えますと、病苦があるがために、生きたいために道の雑草の中に薬が発見されたり、木の実や木の葉が難病の妙薬だったり、あるいは捨てた貝殻の中にたくさんの貴重な栄養分が含まれていて、力の元となる妙薬であることが発明されたりすることになります。

弘法大師は、その『般若心経秘鍵』の中に「医王の目には途《みち》に触れてみな薬なり、解宝《げほう》の人は礦石を宝と見る。知ると知らざるは何誰《たれ》が罪過ぞ」と説いておられます（三五〜三六頁）。

現代医学は、あまりにも機械化や専門化が進み、また検査データや薬物にばかり頼ったため、「病気をみて、病人をみず」というように病気を総合的にみることを忘れてしまった観があることは事実であり、否めない。近年、こうした医療への反省から、病気を心と体の両面から総合的に考えていく「心身医学」という分野が生まれ、心と病気の密接な関係が明らかにされつつあるのが現状でもある。なかでも、最も注目されているのが、病気の原因や悪化させる要因になるストレス（カナダの内分泌生理学者ハンス・セリエの概念用語から呼ばれている）を克服し、病気を治す効果の高い自己コントロール法を体得する療法がいわれている。そうした心身医学に焦点を当て、心の持ち方しだいでなぜ病気が治るのかという問題も、心と体の相関関係が病気をつくり出すという「心の不思議」なメカニズムの働きから照射する必要がある。たとえば《病気を起こし病気を治す心の不思議》と設題して考えてみると、間違いなく次のようなことが言い得るだろう。

① 成人病の大半は心が原因で起こる
② 心の持ち方が老化も寿命も左右する
③ 子どもも大人も心が原因の病気が激増中
④ 心の治療で薬の量が減り薬害が減る
⑤ リラックスすれば自然治癒力が高まる

⑥　心が原因で病気になっている人、なりやすい人の自己診断法
⑦　晩酌やテレビで気分転換はできるがストレスは解消しない

また、同様に《心の持ち方しだいでこんな病気が治る》と課題を立てれば、極論のようにも聞こえるが、恐らくこのような回答が返ってくるかもしれない。一七項目挙げておこう。[25]

○ストレスをとると楽になり〈高血圧〉が減少する
○リラックスすれば血糖値が下がり〈糖尿病〉が軽快する
○強いストレスで体の抵抗力が落ち〈ガン〉にかかりやすくなる
○ゆったりした気持ちを持続すれば〈胃潰瘍〉は治る
○ストレスで血管壁がもろくなり〈動脈硬化〉が進行する
○〈ぜんそく〉は甘えの気持ちで発病し、たくましい心で根治する
○イライラしやすい人は〈心臓病〉に要注意
○ストレスに負けない人は〈肝臓病〉の治りが早い
○薬より心の治療がよく効く難病〈自律神経失調症〉
○生き甲斐を持つだけで〈更年期障害〉は簡単に治せる
○〈痛み〉は心の訓練で楽になる
○〈頭痛〉の八割は心の持ち方で治せる
○やる気を出せば〈しっしん〉を治すホルモンが自然に分泌される

○自己暗示で治る〈頻尿症〉
○手足が温かいと思うだけで体温が上がり〈冷え症〉が治る
○心の状態を変える自律訓練で多くの病気が治る
○心の持ち方が〝特効薬〟になる体の病気一覧〈次に引挙する織田師の文章中に一部掲載され出てくるのでここでは略く〉

元に戻って、織田師は、また次のように述べている。そこで全力を傾注して彼の体験的実話そして主張見解を心を開き謙虚に拝聴することにしよう。

親鸞の「善人なほもて往生をとぐ、いはんや悪人をや」という有名な言葉のように、信心をえた場合は大日如来の救いも、重い悪い病いに、それ相応の大きな大悲がほどこされるのです。これが弘法大師のお教えであります。この体験から解説した『大日経』の根本説は大師によってはじめてよく解明されたのです。弘法大師は重ねていっていいます。「三密加持すれば速疾《そくしつ》に顕る」と……。

速疾にあらわれるとは易行なることを意味しますから、まさにこのお言葉は、他のあらゆる仏教、宗教にない具体的力を持った真実を語る聖語であることを知ることです。ゆえに私は絶対他力と信じております。難行道にどうして速疾成仏がありえましょうか。

その理由は、私のような者の安心信心でも速疾にあらわれるからです。難病のなかで、癌、腎不全、心不全、糖尿病、肝炎、胆石、腎臓結石、開放性気管支炎、眼病の諸難疾、視神経障子体混濁、鼻、耳、咽喉、多年の耳鳴り、中耳炎、悪質中耳炎、長年の皮膚病、リュウマチ、神経痛、喘息、胃腸、痔疾の脱肛や悪性の痔瘻、婦人病、小児病は小児癌をはじめ、小児麻痺の早期の場合、小児喘息、重症肝炎、顔面神経麻痺など、すべての現代医学で不明とするもの、治らぬ病悩こそ早期に感応するのを多くしめしてきたからです。最近は悪性脳内腫瘍が短時日に救われています。

私はいつでも医学界、マスコミ界の公正な立ち会いのもとに実習を尊んで、大師の不朽の教えを信じて。現代の科学万能の迷信を打ち破ることに力を惜しまないつもりです。正しい医学はこの密教の真理を通してこそ、物の価値、功徳が活用されるので決して非科学を可とするものではない。むしろ現代の唯物科学は、心識と生命と業を忘れた、大きな欠陥の上に立っていることを反省せしめ、必ず科学人も、大日如来の絶対愛のもとに謙虚であるべきことを唱える次第であります。……最近、私の行なっている事実と、密教の正しい教えを受法された、ある医学博士はついに十二年間の医科学研究所生活からはなれて、新しい信念にもとづき、薬禍を招く化学薬を使用しないで治療する診療所を開設しました。密教と真の医学の実践者が生まれたのです。必ず多くの貴重な実例が生まれることと期待しております（一二九～一三二頁）。

注

（1）『鎌倉期念仏思想の研究』の「三　自力から他力への宗教的飛躍――転成の論理――」（七二～七九頁）参照。
（2）大原性実『教行信証概説』（サーラ叢書一二）平楽寺書店、一九七〇年、二六二頁。
（3）『真宗聖典』二七八頁。
（4）『親鸞全集』（第一巻）二四一～二四二頁。
（5）同右、二〇〇～二〇一頁。
（6）同右、一五五～一五六頁。
（7）同右、二一九頁。
（8）同右、一五五～一五六頁。
（9）『真宗聖典』九〇六頁。

（10）同右、五二八頁。
（11）同右、五三〇頁。
（12）同右、二五八～二五九頁。
（13）『親鸞全集』二一四頁。
（14）同右、二一八～二一九頁。
（15）同右、二〇〇頁。
（16）「コンコードの哲人」と称される、ラルフ・ウォルドー・エマソン（Ralph Waldo Emerson, 1803-82）は、一九世紀のアメリカを代表する超越主義思想家として広く知られた社会評論家であり作家でもあった。エマソンの東洋思想の影響を強く受けた詩にブラーマ〝Brahma〟がある。彼はヒンドゥー教（インド哲学）や東洋哲学に精通していた。この詩はエマソン特有の霊と道徳の教説詩としては最高位に位置すると言えよう。簡潔であり霊妙であるこの詩の二連は『バガヴァッド・ギーター』*Bhagavad-Gita* の句に想いをとったものである。ちなみにサンスクリット語で書かれた古代インドの宗教詩である。『バガヴァッド・ギーター』とは、〈聖なる神の歌〉を意味し、ヒンドゥー教のヴィシュヌ派の中のバーガァタ派の聖典とされ、それが現在でも教徒間で聖典として愛読されている。そこでは、「もし残虐な殺者が殺したのだと思い、あるいは殺される者が殺されたと思うなら、かれらは玄妙の道をよく知らないのだ。我は在りつづけ、過ぎ去りつつまた帰還する」と記されてある。
一方、『バガヴァッド・ギーター』の原文邦訳は次の通りである。
「かれ（霊魂）を殺者と知る者、またかれを殺されたりと知る者、この両者は霊魂の真相を知らない。かれは殺さず、殺されもしない。かれはかつて生まれず、また死せず。かれは生起も消滅もすることなし。不生・常住・永遠にして、肉体は殺されるとも、かれは殺されず」（中村元『東西文化の交流』（選集第九巻）春秋社、一九七八年、三一七頁）
なお、この解説については新保哲『ソローの精神と現代――東西融合論へ向けて――』行路社、一九八八年、一一～一七頁参照。

(17) 道元が『正法眼蔵』「弁道話」の中で「先尼外道が見なり」「外道の邪見なり」と厳しく否定言及しているのは、六師を指してその考え方を一言でいったものである。
(18) 高崎直道編『和訳　涅槃経』東京美術、一九九三年、一五三～一五八頁。
(19) 同右、一五九～一六八頁。
(20) 同右、一七六～一八〇頁。
(21) 同右、一七一～一七二頁。
(22) 同右、一六一頁参照。
(23) 『根本仏教と大乗仏教』五六頁。
(24) 水野弘元『仏教要語の基礎知識』春秋社、一九七二年、二五～二六頁。
(25) 牧野武朗・斎藤稔編『心で病気を治す事典』別冊壮快、マイヘル社、一九七九年。

第三章　『維摩経』と親鸞における福祉のこころ

一　日本における社会福祉の現状

終戦から六十年余り、日本は経済所得倍増計画を復興の目標に立て、資本主義社会の利潤追求を目指し、一貫して世界に肩を並べる「経済大国」へと発展し、成長し続けてきた。そして一人当たりの国民総生産額からいって、世界第二位の押しも押されもしない経済成長をみごと成し遂げた。経済企画庁「国民経済計画年報」平成十二年版によると、国内総生産（ＧＤＰ）はアメリカに次いで第二位である。そのことはまた同時に、物を大量生産し世界に吐き出し、ドンドンと国外に輸出され、日本のみならず、こころより物に価値を置く、無駄な消費経済社会を生み出す最大原因にもなり、ひいては諸外国の自然の美しい環境の破壊を作り出した。資源は取り尽くしたらいったいどうなるのか。また地球は有限だという意識・自覚をもたずに、ただ世界の経済大国に肩を並べて追い越せ追い抜けの、自国さえ良ければという資本主義的な誤った考え方の上に立ち、主体性のない、経済だけを優先させて驀進《まいしん》した。

そうした徹底した経済優先・利潤追求は、一九九三年のバブル崩壊の現実に、無残にも打ち消されてしまった。かくして「砂上の楼閣」「虚構の世界」に過ぎなかったのかという、失望、落胆を隠せない状況である。これまで一生懸命に勤勉に仕事一筋に働き、企業や会社に奉仕してきた国民一人ひとりのこころに、大きな空洞がぽっかりと空き、自信を喪失してしまった。それは大人のみに限らず、自分の子どもや周りの子どもらをよく見たら、青少年のこころの構造自体も想像以上に精神、それも民族的アイデンティティのこころが荒廃しており、立て直しができないくらいに道徳観・倫理観の著しい欠如が身近に痛感されるようになってきている。人の死を何とも思わない青少年の凶悪な犯罪がとどまるところを知らない現状である。こうしたことは国民全員が、改めて問い正し、改善改良するというか、軌道修正をしないと今のような世紀末的に退廃した、自己本位・自分勝手な己さえ良ければよいという不自然な生活意識は、ますます混乱混迷の度を深めるばかりであろう。これを機会に、日本の文化・思想・宗教・倫理・道徳そして本質的な価値観がいったい何であったのかを振り返って思い起こす必要がある。すなわち日本が建国以来たどってきた長い伝統・文化・歴史の中から継承発展させていかなければ、いつまでたっても竹に木を接《つ》いだようなもので、諸外国の亜流、ものまねに終わるばかりか、第二のバブルも引き起こしかねないだろう。

現代の日本社会は、そうした経済大国という目標は達成され確実に手に入れ、物的には豊かになったというか、なり過ぎたぐらいで、そうした物に対するありがたさや有効利用を忘れてしまっている状況である。したがって、これから向かうところは、必然的に経済の備蓄・貯金をもっと老人医療、老人介護に振り向けるべきである。そしてこれまでに日本経済発展のためにガムシャラに身を削る思いで残業をしてまで働いてきた今ではお年寄りとなった方々が、疲れた身心を癒し、心配なく安心して、家族に守られながら、残された余生を幸福感にひたり過ごせる環境を作ってあげることが、何を置いても今いちばんたいせつな事業対策であると思う。社会福祉、医療福祉とはそうしたことが基本前提にあると思う。昔からよく言われる「老人や年寄りを労《いた》わる」「長幼序あり」という言葉で福祉を捉えることができよう。孟子は五倫として「父子親あり、君臣義あり、夫婦別あり、長幼序あり、朋友信あり」を掲げていて、その中の一つの徳目としている。

翻って、古代中国の春秋時代（前八〜前五世紀）に説かれた、孔子（紀元前五五二〜四七九年）の道徳論の核心とは仁にあった。仁とは何かと言えば、端的に「人を愛する」ことだと孔子は弟子の樊遅《はんち》の質問に答えている。それを現代流に簡単に言えば、他人のことを身近な自己に引き比べ、他人のこころを推し測り、自他の共同存在を図っていく、それが仁、つまり愛を実践する方法だというのである。言ってみれば、仁とは、人と人との間に自然に発露する親愛の情の中に具わるものであり、人を愛し他人の心を思いやり（恕）、自分のわがままを押さえ（克己）、自分の欲することを人に施すことだと言えよう。とくに家族主義的な社会に育った孔子にとって親愛の情は血族に対して強く、仁の実践はまずよく父母や兄に仕える孝悌《こうてい》の実践として現れる。その後これが外部、そして広く社会へと押し広げ及ぼされるべきだとした。しかし何といっても肝心なのは、人間としてなすべきことは、ただ自分の置かれた場において「人を安んじ」「他人の生活の救済」に〈思いやりのこころ〉をもって自己完成を目指して展開していくべきものであった。そうした〈思いやり〉は内に忠・信を含み、外に義・礼を通路として成立するにしても、そうしたことを説く孔子は、言（言葉）・行（行い）が一致すべきことを強調するのである。つまり実践・行に裏づけられた実《じつ》ある言こそが、自他の間に信頼関係を成立させ、相互に〈思いやりのこころ〉をもって結び合うところに人間らしさの完成を見ていた。孔子は、人が人間として生きていく「道」を「他人を思いやるこころ」において捉え、理想的な人倫共同体の実現を構想したわけだが、そのことは見方を変えればそのまま社会福祉思想の原点を唱っていると理解できるのである。

最近、わが国では、社会福祉事業が国家、政府や公共団体規模で考えられ、またその施設も老人保健施設や特別養護老人ホームが次々に最新設備をもって建造されている。各町村には必ずそうした老人の保養施設や福祉施設が見受けられる。そして町役場には新たに社会福祉課が設置されている。

ところで、そもそも〈福祉〉とはいったい何か。いうまでもなく、基本はわれわれ一人ひとりが日常において身心ともに安心して生活し過ごせることが第一の目的である。広義に解釈すれば、〈福祉〉には、幸いとか幸福の意味がある。さらに宗教的ケアの立場からは、消極的には生命の危機からの救い、積極的には生命繁栄の意味がおのずと考えられる。そして慈善事業。それは社会福祉を、個人レベルによる慈善救済活動として捉え、まったく金品等の報酬を当てにしたり期待しない、いわゆる無報酬無報償を基に布施行を日々たゆまず地道に実践する生き方、生きざまである。また他方、集団を組んで専門別に分担役割を取り決め大勢のプロフェッショナルを動員して、たとえば介護福祉士、看護師、医師、医療技術者をはじめ、ケアマネージャー等の職員全体で対応対処する福祉機関が存在する。ボランティア活動にも、周知のように一個人のものと集団のものとが存在する。

現代社会福祉は今や老人大国となった日本では避けて通れない切実緊急なる解決方法を要する問題であ

る。また、そうした福祉施設の建設には膨大な出費金が投入されている。そのためか、特別養護老人ホームにからむ収賄事件などを引き起こしているという現状がある。同時にそれは体質的構造的な問題でもあり、民間企業が許認可をめぐって過剰なる接待をすることにより、いつのまにか感覚が麻痺したのか麻痺させられてしまったかの、いずれかである。今や厚生医療、社会福祉、養護老人にかかわる事柄はビジネス産業と化しているのが現実であろう。そうしたとき、金儲けだけを目的とした事業は問題外として、資本主義社会であるから利潤追求はやむをえないと一応容認しても、もっと弱者救済のため、老人や病人、身体障害者等のお世話介護には真剣に取り組むべきであり、当然そのための立場に立脚した社会福祉の介護機関でなければならない。

しかし残念ながら、昨今の新聞を読むと、ときどき特別養護老人ホーム建設にからむ不正受給容疑の事件が目にとまり、後を絶たない現実である。その二例を挙げると、二〇〇〇年九月二十七日の読売新聞（朝刊）の一面に、理事長ら三人逮捕の記事が載せられている。そのことは、特別養護老人ホームを経営する兵庫県一宮町（淡路島）の社会福祉法人某会が建設会社と共謀して、同ホーム建設費を水増しして同県から補助金約一億二千万円を不正に受給したとして、神戸地検特別刑事部は同会理事長、建設会社社長、同社常務取締役の三人の容疑者を詐欺の疑いで逮捕、九箇所を捜索したという事件である。また同年十月十九日の読売新聞（朝刊）に、補助金不正で特別指導監査を実施した記事が目にとまった。それは兵庫県小野市の社会福祉法人Aが運営する特別養護老人ホーム某苑の建設をめぐる補助金不正受給事件で、同県は補助金適正化法などに基づき特養ホームに対する特別指導監査を実施したというものである。

以上そうした観点から論ずるならば、宗教における「救い」の問題を無視してただ単に表面的な社会福祉の論点に終始しても、身の病は癒されても、こころ、精神、魂の問題、すなわち人間の生における根本問題を抜きにしては、根源的本質的に身体もこころも癒されたとは言えないと思う。人間として永遠のテーマである「マズ生死ヲ、イトヒ、浄土ヲ、ネガヒテ」（法然の法語集の『元祖大師御法語』）、つまりそれを禅家のダイジェスト本『修証義』の第一章「総序」の冒頭の言葉では「生を明らめ死を明らむるは仏家一大事の因縁なり」と唱っている。

翻って、苦労して育て上げ手塩をかけて大学まで出したわが子が、いつのまにか結婚し子どもをもうけ家族をもつようになると、状況が一転することがある。今や年老いて介護を必要としている状況になったときに、親の恩に報いる気持ちも忘れてしまい、父母の扶養義務はないといった態度をとる。否、むしろ親に給付されるわずかの遺族共済年金すらも当てにする。介護扶養そのことよりも、二か月おきに入る親の収入を身体的障害、痴呆症をよいことにして私物化するといったケースが最近意外と多いという話を耳にすることがある。こうなってはあまりにも悲しむべき親子の愛情不在の人間関係だと言えよう。人間としての考えかた、生き方がたしかにまちがっているとしか言いようがない。それは実質上の親子の断絶である。

さて、社会福祉の設備の充実は、実際に老いたる親をもって扶養してみると、まことに至れり尽くせりで、どれほど感謝してもしきれないぐらい、今の私には役立っていることを告白せざるをえない。それはまた、派遣ヘルパーさんにおいても、一日に幾度も自宅に来てくれてわずかな時間だが、介護・愛語している会話なり動作を間近で拝見していると、まことに自然と頭が下がるほどの深い感謝の気持ちが湧いてくるのである。ただ中には、例外的に感心できない介護者もいることはいる。見ればわかることだが、

「無心」「無我」「無欲」の精神的態度をもっているはずのヘルパーさんにおいて、どうしてか献身的奉仕的な感情がこちらにいっこうに伝わってこず、決められた仕事、形だけの最低限度の世話介護で済まそうとする。つくづく思うことは、ヘルパーさんはほんとうにたいへんな仕事だなあと痛感することがこれまで数えきれないほど多くあった。それだけにまた、体が不自由な弱者で身体的障害をどこかに必ずもっている老人への接し方、話し方、介護状況を見ていて、こうした老人介護の奉仕活動、仕事は、口で言うほどやさしくなく、本当に好きでないと長続きしないと思ったのである。

老人ホームには冷暖房設備が完備され、室内は常時快適で一定温度に保たれている。しかも室内に入った瞬間目につくのは清潔な感じで、西洋東洋絵画を問わず美しい自然を描写した絵が、しかも高価な額に入れられて飾られている。その他木地師《きじし》が作った美しい年輪の天然木のお盆や、木製の花立、さらには素人が作ったと思われる陶器類が、りっぱなガラスケースに配置よく並べてあるのが目に入ってくる。また部屋の中や廊下などにときどき漢詩の扁額《へんがく》や掛軸がかけてあったりもする。たしかに落ち着いた空間の雰囲気をいやおうなしに感じさせるし、一種のぬくもりみたいなものも覚える。そうした室内を介護に手慣れた若者の青年男女が休む暇なく、世話に甲斐甲斐しく働いている。入れ換わり立ち換わり一人の老人に対して何人もの介護士さんたちが分担して介護奉仕に精を出してがんばっておられる。専門家でもない素人の私が見ただけでも、世界の中でも、今、日本は医療技術の発展とともにそうした近代医学の先端技術の粋を集めた病院と緊密な連絡を取り合って運営されている老人介護福祉施設はいかに信頼するに足る体制であるか、またすばらしく完備充実した内容となっているかがよく理解できるのである。聞くところによれば、収容人数五十人に対して十人の介護者がつくことが義務づけられているという。

私事であるが、八十歳を過ぎる老母を社会福祉法人の特別養護老人ホームに預けていたころ、どうも納得のいかないことがあり、幾度もこちらの希望を申し伝えた。しかし、いつまでたってもいっこうに改善されておらず、まことに不親切というか行き届かない施設も現実にある。二度も換え、三度目にようやく満足のいく老人ホームに入居することができ、ほっと一安心したのである。

人間のすることであるから思うに任せぬこと、都合通りにいかないことは承知はしている。しかしそうはいっても、何度も老母を訪ねて行くうちに、福祉事業に携わっている側に、まだまだ試行錯誤や勉強中の個々の点が数多くあっても別におかしくはないが、何か根本的な幹の部分というか、いわば福祉の精神、こころの捉えかたが徹底しておらず、単刀直入に言えばただ上っ面だけの形式に流れていることを、私なりに時折感じることがあった。

二　慈悲と智慧

仏教的社会福祉の根本思想の中心は、なんといっても「慈悲」に求められる。それは周知のごとく、他者の苦悩に対してともに苦しみ悩み、痛みを分かち合って共感することであり、それは慈しみのこころ・慈愛のこころから生じてくるものである。

そこで『新・仏教辞典』（中村元監修、誠信書房）をひもといてみると、以下のように記されている。

［（梵）マイトリー、カルーナ（maitrī, karuṇā）の訳］maitri（慈）mitra（友）という語から作られた抽象名

詞で、最高の友情とでもいうべきもの。特定の人に対してではなく、すべての人びとに友情を持つことが《慈》である。また karuṇā の原意は《呻《うめ》き》であり、人生苦に呻き声をあげることである。人生の痛苦に呻き、嘆いたことのある者のみが、苦しみ悩んでいる者を真実に理解でき、その苦しみに同感し、その苦しみをいやすことができるのであるが、その同苦の思いやりを《悲》と呼ぶのである。神の恩寵のように高きから低きに向かうのでなく、常に同じ高さにあるもの同志の心のふれ合いを重んずるところに、仏教の慈悲の大きな特徴がある。

原始仏教の思想の基本は人間は絶対平等であるということから始まる。それは愛憎の対立を超えた菩薩のこころにおいてはじめて見られるものである。具体的に言えば、だれかれの区別なく、苦しみを取り除いて楽しみを与える「抜苦与楽《ばっくよらく》」の形となって実践され表される。「抜苦与楽」とは仏・菩薩が衆生の苦しみを抜いて福楽を与えることを意味し、苦を抜くのは〈大悲〉で、楽を与えるのは〈大慈〉であり、仏の慈悲の徳を表している。そうした他者の苦悩における共感は『維摩経《ゆいまぎょう》』「問疾品《もんしつぼん》」第五の、智慧の文殊菩薩と慈悲の維摩居士との対話・対論の中で、実にみごとに表現し尽くされている。そこで読みやすくするため、その部分を現代語に置き換えて示してみよう。

維摩は言う。癡《ち》より愛があり、それでわたしの病が生じたのです（癡とは無明、つまり道理がわからないことをいう）。そのために盲目的なとらわれである愛が生じ、そして私の病が生じたと。なぜならば、一切衆生が病気に罹るのでこのわたしも病気になり、病人の姿を示しているだけであって、したがって、もし一切の衆生が病に罹らないならば、わたしも病から離れることができます。病に罹ることが迷いなら、私も同じ苦しんでいるので、もし病まざればわたしの病も滅するでしょう。そのわけは、菩薩は衆生のためにことさら生死に入っているので、生死があるならば病はあるはずです。だからもし、衆生が病を離れるならば菩薩にもまた病はないでありましょう。

　ということは、病を離れた姿が仏の姿ですから、菩薩もまた本来の仏の姿に戻ることができるわけです。たとえば、長者にただ一人の子があって、その子が病に罹ったとき、お父さんお母さんもまた病み（同体の大悲）、したがってその子の病に治る気配があると、お父さんお母さんも子に先んじて治るようなものです。菩薩もそのとおりで、諸の衆生を愛することは我が子におけると同じ。衆生が病むならば菩薩その人も衆生のごとく病み、衆生の病が直れば菩薩もまた治ります。また、この病はどこから起こったのかといえば、それは菩薩の病は大悲により起ったのです。

　以上のように語られる慈悲の人維摩の論理は極めて高い理想論であり、現実においてはまったく実現不可能である。またそのように捉え理解すること自体が現実感覚からほど遠い、いわば空想論であるように思われる。すなわち、一切衆生の病が滅するまでは菩薩も病むのだ、ということは、最後の病人は菩薩本人であるということになる。言い換えれば、聖者の悟りの世界にいる菩薩は、凡夫の迷いの世界である人間界に永遠に踏みとどまっているということにもなってくる。維摩は『維摩経』「仏国品」第一に示されるように、慈悲の人として登場する。しかし、ほんとうは一方にいる智慧の文殊の存在があって維摩の存在が光輝くのである。もちろん、仏教思想から見た慈悲と智慧とはまさに相補的な密接不可分離の相互関係にある。それは子に対する父親と母親の役割といったところで、その二つは明瞭に分けられない。慈悲も智慧も仏の働きには違いない。

　この話は一種の壮大なドラマで描写されており、「方便品」第二には、維摩がはじめて汚れを離れた在家の人として紹介されて登場する。すなわち彼は衆生を救済済度するために善き方便をもって維摩の邸に居るのである。仮に方便として、病の床にいる維摩を見舞うよう仏は十人の弟子に順次要請するが、だれ一人として受ける者がおらず、弟子たちが辞退した後に、最後に仏は文殊菩薩に要請し、彼が維摩の邸に行くというストーリーである。

この章の醍醐味は二か所ある。それは「一切衆生が病む故に、この私も病むのです。そうして、もし一切衆生の病がなくなれば、すなわちわが病もなくなるのである」と「だから、生死にあって汚れた行いをなさない。反対に、涅槃に住しながらも永く滅度しない。これが菩薩の行である」というものである。

以上のごとき維摩と文殊の対話を聞いていた大衆のうち八千人が信仰の道を歩もうとこころに決めるのである。方便でありとあらゆる言葉をもって煩悩多き一般大衆に語られるわけは、菩薩が彼らの現世往生を願っての慈悲心の現れからによっている。それは彼岸の世界においてではない。まさに、われわれが今ここに生きる浮世・娑婆の穢土《えど》においてこそ存在意義があるのである。穢土とは、浄土の対をなし、不浄で汚れた国土の意味で、この現実世界をいう。

それに照らして、他方、「問疾品」第五では、相対差別のいっさいの方便の教えや現象、また現象の背後にある宇宙の真理である理法を知る心作用を智慧論の立場で語られていることは看過できない重要な点である。

そこでもう少し本章の内容を探ってみよう。文殊は「あなたの病んでいる病気の姿を説明してください」と問う。維摩は「私の病には形がないので示しようがありません」と答える。さらに文殊は「この病は、身体と一つになった病ですか、こころと一つになった病ですか」と問う。維摩は、それに対し「身といっしょになった病ではない。なぜならば身相を離れているから。かといって、またこころと一つでもない。そのわけはこころは幻のようなものだから」と答える。

ところで身体については仏教で〈無我説〉を教えるのは智慧の立場からである。つまり原始仏教では、我（アートマン：ātman, attan）でないものを我とみなしてはならないと教える。とくに身体をわがもの、すなわちアートマンとみなすことを否定する。これはアートマンが存在しないという理由からではない。外教邪教が説くような生滅変化を離れた永遠不滅の存在とされる実体や本体、すなわちそうした実体、本体としての形而上学的な我を問題にすることを禁じ、それが存在するか否かは不明であり無記であるとしたのである。しかしそうした〈無我〉の教えを知らない衆生を教導するのは、正しく迷える煩悩に満ちた衆生を救済せんがために、仮に方便をもってさまざまに手を取り足を取って真実に目を向けさせようと教え諭すわけである。それを現代の社会問題、現実に引き当てて考えてみるとき、とりわけ高齢者福祉や老人医療介護、さらには児童福祉において、そうした介護援助、奉仕献身活動に日々携わる者にあっては、実際に苦しんでいる多くの人のこころを支え、導き手になれるよう心がけることは緊急かつ必要不可欠である。こころのひずみ・ゆがみなどのストレスの問題が深刻化している今こそ、宗教による癒しや治癒の真価、そして効果が問われ、同時に一般的ケアのみならず、こころや魂の根源的な救済、いわゆる宗教的ケアの深部のメンタルの問題と解明がクローズアップされているように理解するのである。

往相廻向と還相廻向

親鸞による浄土真宗の根本思想で、廻向《えこう》（回向）を論ずる場合、往相《おうそう》廻向と還相《げんそう》廻向の二極二面性がある。これは重要なポイントなので、今、そのことについて簡単に説明しておこう。本来は自身の善行を他人に振り向けるという意味であるが、親鸞は、『教《きょう》行《ぎょう》信《しん》証《しょう》』の序で「つつしんで浄土真宗を按《あん》ずるに、二種の廻向あり。ひとつには往相、ふたつには還相なり」と記している。すなわち、親鸞は仏の救済力の絶対性を強調して本願力廻向の説を立て、衆生が念仏により浄土に往生すること（往相）も、浄土に往生して仏となった人が再び現世のこの世に還って衆生を救う利他《りた》のはたらきをすること（還相）も、ことごとくが阿弥陀仏の他力の本願のはたらきであって、すべて仏の方から差し向けられたものであるとする。つまり、これをそれぞれ往相廻向・還相廻向と言っている。そして他力の念仏は自己の修めた自力功徳を廻向して往生を願う行とは異なり、往相といえども阿弥陀仏の大慈悲による廻向であり、また還相も同様である。それゆえ、廻向はすべて仏の側にあり、衆生の側にないとするのが真宗の教学的立場である。『正信偈《しょうしんげ》』には、「往還の廻向は他力による、正定の因はただ信心なり」と謳っている。さらに真宗では読経のあとで、「願わくばこの功徳を以て、平等に一切に施し、同じく菩薩心を発して、安楽国に往生せん」と廻向文を読み上げることは念仏救済の構造がいかに福祉思想に連なるものであるかを、顕著に端的に表し示しており、そこが重要な箇所である。

　そこで、大乗仏教の智慧はまず第一に往相廻向の側にあり、それは般若の智慧に相当する。しかしそうした形而上学的とも言える世俗の相対的価値論理を完全に超越した、いわば宇宙的普遍的真理とも言うべき法則道理がなかったなら、この世の具体的で方便的展開とその教導は空しく、真実の慈善的社会福祉の方向は便宜的偽善的なものとなる可能性が秘められている。なぜなら、仏教思想では、我も衆生も含めすべてこの世のことは虚仮不実《こけふじつ》と見て、ただ仏と仏の世界、つまり「唯仏与仏《ゆいぶつよぶつ》」のみが真実だと捉える基本前提がその根底にある。たとえば親鸞の書簡集でもっとも広く読まれてきた『末燈鈔《まっとうしょう》』には、〈唯仏与仏〉に関し「如来の誓願は不可思議にましますゆへに、仏と仏との御《おん》はからいなり。凡夫のはからいにあらず。補処《ふしょ》の弥勒菩薩をはじめとして、仏智の不思議をはからうべき人は候はず」（み仏のお恵みとお力とは不可思議ですから、人間わざを超えたみ仏たちの間のことです。われわれ凡夫のはからいではありません。み仏の位を継ぐ弥勒菩薩をはじめ、み仏の不思議なお力をあれこれ申しうる人はありません）と語っている。またさらに同じく書簡集の『親鸞聖人血脈文集』にも「また他力とまうすは、仏智不思議にて候なるときに、煩悩具足の凡夫の無上覚のさとりをえ候なることをば、仏と仏との御はからひなり。さらに行者のはからひにあらず」とも語っている。すなわち親鸞は、煩悩具足の凡夫が仏の悟りを得たときは、『高僧和讃』に説く〈唯仏与仏の知見〉、つまりただ仏と仏のみが互いに知るところの智、すなわち仏の悟りの境地は仏のみが知り二乗や凡夫の知るところではないと従来解釈されてきたが、実はそうではなく一足飛びに仏果を悟った仏と同じ悟りの境地に達するのだというわけである。

智慧としての光

大悲の慈を行ずるといっても、大乗仏教で説く智慧の光に照らされ導かれてはじめて厭《いと》うことのない無償の慈を励んで実践することができるわけである。親鸞は、念仏の功徳の力を「知慧光仏《ちえこうぶつ》」とか「無量光仏《むりょうこうぶつ》」、さらには「尽十方無礙光如来《じんじっぽうむげこうにょらい》」「無辺光仏《むべこうぶつ》」「不断光仏《ふだんこうぶつ》」等と、阿弥陀仏の功徳を光明にたとえ十二種の光仏の名をもって称讃していて、たとえば『一念多念文意《いちねんたねんもんい》』や三帖和讃（『浄土和讃』『高僧和讃』『正像末和讃《しょうぞうまつわさん》』）等のいたるところに散見されるのである。まことに阿弥陀仏とは智慧の光のはたらきをもっている。翻って、福祉思想の原点に立ち返ると、改めて看護師、介護福祉士たちもまた、こころを無心・謙虚にして真宗の教えに目を向け、そこから仏の教えの真髄を汲み取り生かす道を歩むべきと考えるのである。そのためには、まず菩薩が衆生を観ずる「慈《じ》・悲《ひ》・喜《き》・捨《しゃ》」の四無量心を念頭に入れ日々各自が積極的に精進邁進すべきであろう。

すなわち〈慈無量心〉とは、多くの人々に深い友愛の心を無量に起こすこと。〈悲無量心〉とは、多くの人々の苦しみに同感共苦するこころを無量に起こすこと。〈喜無量心〉とは、多くの人々の幸福を見て喜ぶこころを無量に起こすこと。〈捨無量心〉とは、あらゆる執着を捨てるこころを無量に起こすこと。以上のように、四つのこころを無量に起こし、だれかれの別なく、二心なく無量の人々を悟りに導くから、四無量心と言われるゆえんである。しかもこの慈・悲・喜・捨の四無量心は、〈捨〉でとどまるのでなく捨からまた最初の〈慈〉に戻るところが肝心な点であろう。

ところで元に戻り、『維摩経』の「観衆生品」第七では方便の慈を行ずる在り方が示され、慈悲論が展開される。簡単にこの章を解説すれば、観衆生とは菩薩が衆生をどう見るかという問題がテーマである。つまり衆生観であり生命観である。ここでは「水中の月の如く、空中の雲の如く、第五の大の如く……」と三〇の譬えが挙げられている。このあとは、文殊が維摩に尋ねる形で、慈・悲・喜・捨の四無量心や布《ふ》施《せ》・持戒《じかい》・忍辱《にんにく》・精進《しょうじん》・禅定《ぜんじょう》・智慧《ちえ》の六婆羅密《ろくはらみつ》の説明が続く。六婆羅密とは、悟りに至るため大乗の菩薩が実践修行しなくてはならない六種の行である。そこでは〈慈〉が以下のように論じられている。

「人間の煩悩を破るから、阿羅漢の慈を行ずる」「衆生を安らかにするから、菩薩の慈を行ずる」「衆生を目覚めさせるから、仏の慈を行ずる」「すべての人間が同一で平等無差別であることから、菩薩の慈を行ずる」「もろもろの愛欲を絶っているから、等しきものに大悲の慈を行ずる」「空と無我とを観ずるから、厭うことのない慈を行ずる」（著者補記―看護師の世界は無厭《むえん》（好ききらいのない意）の慈でなければならない。なぜならはかなさを知るが故に助けることができる。看護師は病人の治らないことを承知でしかも治そうとする。万能でないのだから）「法施の慈を行ず、遺惜無きが故に」「持戒の慈を行ず、戒律を犯した人を教化するから」「忍辱の慈を行ずる、彼をも我をも護るから」「精進の慈を行ずる、衆生の慈を荷うから」「禅定の慈を行ずる、味（拘泥しない、とらわれない、かたよらないの意）を受けないから」「智慧の慈を行ずる、人を導く時を知っているから」

このようにして、智慧の働きは時間や空間を超越しているからこそ、いつでも具体的に自由自在に衆生のこころに照らして要求に働きかけられるのである。したがって、智慧の慈は歴史的時間の上に必然的にこころや魂を救い、宗教的ケアとして展開されるのである。

さらに、もっと穿《うが》った慈悲という語の意味を考え合わせてみたい。慈悲という言葉は、サンスクリット語では「慈」と「悲」とが別語であった。「慈」は語源的には「友」とか「親しいもの」を意味するmitraという語から派生した言葉で、訳せば「真実の友情」というほどの意味である。さて、老人福祉ホームにおいて人間と人間の横の関係である「真実の友情」が芽ばえるであろうか。現実問題として、おそらく不可能ではないかと思われる。そうしたことはこころも若い青春時代に限られると考えるのが極めて常識であろう。しかし、でき得れば、老衰してヨボヨボした足どりで歩く姿、みずからの身体の自由勝手がままならなくなり、働きも悪く、感覚も鈍くなった老人にも、こころの底には自分の苦情を訴え、それに呼応してくれる何者かを願っていると考えることは想像にとどまるだけのことではないと思う。現実に老人が自然と両手を合わせ合掌する姿、また時折「ナムアミダブツ」とつぶやくわが母親を「特別養護老人ホーム」に訪ね、車椅子を押し、時にしゃがんで母の顔と向かい合って会話するとき、そうしたしぐさや言動の一端から、直感的に私は何かもっと真実なる頼れる心の友を求めているようにもふと感じられる。

さて、「悲」はサンスクリット語の訳で「同情」を意味する。それは相手他者の病のいたみをみずからの外に見るいたみという立場でとらえたいたみを知る感覚から、仏教的な大悲におけるような、衆生の病のいたみがそのままみずからの内に見るいたみと変わる。たとえば見知らぬ赤の他人のいたみであっても、そのままがみずからのいたみとなる。いわゆる「同体の大悲」においては菩薩・仏の真体もすなわちわが身とまったく変わりなく同体の関係が認められる。すなわち仏教においては、智慧の世界を象徴する絶対、無限、永遠、仏、浄土に対して、慈悲の世界を象徴する相対、有限、時間、衆生、穢土と称すべきものとが、生きた生身の人間を介して、あたかも水と波の関係のように二元対立しない不離一体の不思議な念仏往生が刻々成就している。そうした光明裏に荘厳された涅槃、つまり燃えさかる煩悩の炎が吹き消された状態であり、そこに寂静の心境が出現しているのかとも憶測する。ともあれ、翻って宗教的人間世界にあっては念仏信者が苦楽をともにするという心情的な意味が、その根底にあるのである。

文殊と維摩の対話に戻ると、「観衆生品」第七では次のように続く。

文殊「何をもって悲とするのか」
維摩「菩薩は、自らなす功徳のすべてを一切衆生と共にする」

文殊「何をもって喜とするのか」
維摩「衆生を利するところあれば、歓喜して悔いることがない」
文殊「何をもって捨とするのか」
維摩「自らなした功徳に囚られることもなく顧みることもない」

つまり、維摩居士は、悲とはただ一人でなすのではなく、人とともに行うことが肝心だという。そのことは悲を社会的な展開としてとらえ、その意味では人間対人間の横のつながりの関係だと言える。それに対すれば、慈は歴史的世界に現れ出る、いわば信楽《しんぎょう》・法楽《ほうらく》の世界がこの世に現れ出、具体的な現実浄土になる縦の関係と言えよう。

信楽とは、如来の智慧を言う。信楽はその至心を体として現れた如来の満足大悲円満無礙《まんぞくだいひえんまんむげ》の信心海であり、一切の衆生は無明の闇に閉ざされて真実の信楽はない。それは貪愛のこころのみがあって常に善心を汚しくもらし、たとえ善を努め励んでも、そのこころの底は真実の信や善のこころはなく、いわば虚仮不実《こけふじつ》・雑毒雑修《ぞうどくざつしゅ》の善心善行に過ぎない。福祉に照らして言えばこのような慈善事業である善では、浄土真宗の教えでは真実報土に往生することはできないのである。それだから、如来は苦悩の群生海《ぐんじょうかい》を悲憫《ひびん》して、報土正定の因であるこの浄信《じょうしん》を廻向したまうわけである。この浄信は「往相廻向」「往生信心の願」を指し、如来の大悲広慧の仏力であるから、この真実の浄信を得れば「大慶喜心《だいきょうきしん》」を得ることができるという。したがって、衆生救済に差し向けられる還相廻向は、その次の段階となる。これが親鸞がいう「利他真実の信心」である。しかも信楽は如来と衆生をもっとも直接的に結ぶものであり、信心を獲得《ぎゃくとく》するといっても、それは言うまでもなく、真宗では、如来の広大無碍の智慧を廻向（差し向ける）される以外に救済の道はないということである。

三　信心歓喜とは何か

親鸞の念仏思想と信心為本について考える場合、とくに「信心歓喜《しんじんかんぎ》」の言葉は極めて重要な真宗理解の根幹となる。たとえば大乗経典には仏の教えを聞き、仏の名号を聞いて歓喜踊躍することが説かれている。『無量寿経』（巻上）には阿弥陀仏の十二の異種の光仏を分類して説明する中、七番目に歓喜光仏が示されている。また一方、『華厳経』の中核となる「十地経」で菩薩の十地の階位が説かれているが、その第一の初地は〈歓喜地〉が取り上げられているのである。

浄土教ではとくに仏の救済、あるいは浄土往生の決定を喜ぶ表現として〈信心歓喜〉〈歓喜信楽《がんぎしんぎょう》〉〈踊《ゆ》躍歓喜《やくかんぎ》〉などと用いられる。そこでたとえば『教行信証』の信巻の〈信楽の釈〉について、「信楽」というのは、阿弥陀仏の完全に満たされた広大な慈悲によって与えられた、完全に一つに融け合った何ものにもさまたげられない海のように広い信心である、と言っている点は重要である。

以上のように菩薩が煩悩の汚されない悟りの智慧の部分を証し、はじめて聖者の到達した位を意味するこの位に至れば、必ず仏になることが定まり、喜びが多いから歓喜地とも初歓喜地とも言われるのである。つまり、信心を得て極楽往生すべき身と定まった人、すなわち不退位《ふたいい》、正定聚《しょうじょうじゅ》に就いた人を指すわけである。

ところで康僧鎧《こうそうがい》訳の『仏説無量寿経』巻下の第十八願の「願成就の文」の〈信心歓喜〉と訳されるとこ

ろの引用は、『真宗聖典』中とくに親鸞の著述または思想に関連して五箇所うかがえる。すなわち『口伝鈔』『浄土真要鈔』『一念多念文意』に各一回、『改邪鈔《かいじゃしょう》』に二回出てくる。とりわけ親鸞の著述『一念多念文意』の本文中では、長々した詳しい解説文が釈義されて示されている点、他の単なる引文とちがってきている。

そこでは歓は〈身の喜び〉、喜は〈こころの喜び〉として区別され、さらに死後往生にあらかじめ先立って現世往生の不退・正定聚の位につき、いわゆる〈信心獲得《しんじんぎゃくとく》〉したときの喜びを「歓喜」と、親鸞は理解している。つまり臨終往生後に喜ぶというのではない。それは現在のこの世において生き身の姿の中でこそ極楽往生が味わえ、確信がもてたときである。すなわち今その場において自己のこころが完全に満たされて居座り、信心が定まって不退の位に落ち着いたことの法悦の喜びである。そうした覚えず知らず、おのずと喜びが心底より湧き出づる歓喜・信心歓喜心という観点に的が絞られていることは親鸞理解には重要であろう。親鸞の『浄土和讃』の中には「信心よろこぶそのひとを、如来とひとしとときたまふ」と謳われた表現があり、まさに現代に生きた島根の妙好人・浅原才市（一八五〇～一九三二年）翁はその一人に数えることができよう。

才市については後でくわしく述べるが、その特質は、阿弥陀仏の台《うてな》の上に、中にどっぷりとつかって遊化三昧境に興じられる、人生の生きかたの達人、楽天的世界観の転換展開に認められる。そこに仏の大慈悲に抱かれた脈々とした生命感の躍動・感動があり、日々を親と子の不離一体の関係で、この上ない充実、生き甲斐の喜び、楽しさ、おもしろさのまさに極楽浄土の世界に過ごせた人であった。最近、人間の身心を基にして衣食住、さらには森林浴をも取り込んで、〈気〉の力で癒すことが注目されているが、そうした効用効果は認めるとしても、それも一時的な流行のようなもので、福祉思想を根源から光を当てて論ずる場合、本質的問題ではないと私見するのである。

近年、福祉関連の事業が政府・政治の中で最大課題の一つに位置づけられている感がする。その証拠に福祉設備の充実は実に至れり尽くせりであり、まことに老人を抱えた家族にとっては涙が出るほど、率直に言ってありがたく、言葉で言い表せないくらいに感謝でいっぱいである。老母を扶養介護している私には、偽らざる実感であり本音の気持ちである。さりながら一方で、そうした社会保障や福祉全般が設備的内容的に完備充実して立派になればなるほど、こころの奥底ではできえたら自分の力、自律力を最後の最後までもって、老いさらばえても生き抜かんとする意志、またそうした生活態度の在り方を、理想とも考えている。つまり、たとえすばらしい施設をはじめ、看護介護の在宅介護制度があったとしても、安易にそうした福祉制度の恩恵に甘える考えかた、または生活態度は必ずしも手放しで感心できることではないように思えるのである。

ところで福祉問題は老人ばかりが対象ではない。もちろん、一般の若者そして未成年や幼児においてもその恩恵にあずかることは重要なことである。しかし、ここで改めて一考すべきは、簡単に福祉にあずかろうとする老人的考え方は、まず気持ちの上で捨て去る努力をすることがたいせつではなかろうか。これは決して人間本来の生き方からいって矛盾した論理ではない。なぜなら、社会福祉とは自律的に生きようとする者の援助・介護・手助けの役割機能が第一であり、それをまず考え方の基本にすべきである。身体的障害を仮にもっていても、決してこころは障害をもっているわけではないのだから。むしろこころは、身体的に健康な人よりもよりいっそう健全でたくましい精神の持ち主は多くいる。そうした考えかたに立つとき、遠く昔に釈尊が生涯を貫いて身をもって教え導いてくれた生きざまに、強い共感と感動を覚えるのである。

ブッダは祇園精舎にいたとき、「比丘たちよ、自己をよりどころとして、他をよりどころとせず、法をよりどころとして、他をよりどころとせずして住するがよい」（『阿含経』）と説いている。また、よく知られた『法句経』の一句は「自己のよりどころは自己のみである。自己のほかにいかなるよりどころがあろうか。自己のよく調御《ちょうご》せられたるとき、人は得がたいよりどころをうるのである」と語っている。すなわち、この世のすべての存在は無常であり、いっさいは流れてとどまることはない。その存在の中にあって、自己こそ真のよりどころであり光であり、自己こそ不動のよって立つべきところであって、他のものによるべきではないと教えているのである。その目標はいっさいの存在の法則である真理を悟ることに求められている。平易に言い換えれば、自己の人間形成のために、自己の全身心を掛け、全努力を集中せよというのであり、かくてみごとな人間形成がなったとき、人はまことの得がたいよりどころが得られるということである。ブッダが出家修行者の弟子たちに諭しめた教えは、結局、仏教とは生きている限り放逸なることなく一生人間形成に向かって努力精進していかなければならないことを説いているのである。

しかし翻って、われわれ一人ひとりに当てはめ考えめぐらしてみた場合、かつての紅顔の美少年美少女も、老後になってくるといつしか若者家族に家が占領され、隅に追いやられるはめになる。あるいは特別養護老人ホーム住まいとなる。そうすると「尊敬するところなく、恭敬《くぎょう》ない生活は苦なり」と痛切に感じるようになる。口には出さないが、こころの中ではだれか尊敬し信頼する身内の人がいないことは苦であり不安であると思うのである。つまり、人間のこの世における在りようは、個人的存在であるとともに社会的な存在なのであり、一人では生きられないようになっている。まさに人間同士が助け助けられる共存・共生・共調・共有・共栄によってしか生きていけない動物なのであるところに、実は社会福祉の意味と意義、そして価値と役割が存在するのである。

さて、人間のこころはまことに不確かな不満不安に満ちたものであって、われわれが目に見えない何かの不安感を抱いて過ごしていることは、近代哲学者で実存思想の先駆者キルケゴール（一八一三～一八五五年）が、一八四四年、心理学さえ取り上げなかった不安の分析を、キリスト教の原罪に基礎づけて論じた『不安の概念』でいみじくも指摘している。人間の心に巣くう漠然とした不安感から、さらに迷いを生み出すが、妙好人と称する才市にあっては不安や迷い苦しみを〈楽〉に変え、迷いを即得往生観に変え、法楽を味わう楽しみの世界やこころへと変え、阿弥陀仏、念仏称名を楽しむ喜びの人生へと転化する妙薬妙術を心得ていたのである。ひと言でいえば才市は、こころの動揺や不安そして煩悩から生ずるさまざまの迷いを恐れず、気をかけず、楽観視、楽天視できる性格の人であった。人生そのものを深く味わい飲みほし、人一倍反省が強く慚愧心《ざんぎしん》を覚えることは絶え間がなかった才市ではあったが、それだけに阿弥陀の親さまに救われ助けられていることを強く感得して法悦に涙がうるんだ。仏恩感謝の気持ちは言葉を知らないぐらい深く強く、常にありがたい幸せ者という感情があふれ出て、歌に切々と宗教詩を吐露するのである。

こうした阿弥陀さまに救い摂《と》られ、死後往生も考えることなく、ただただ、現世往生に満足できる者にとっては、こんなすばらしい老人の過ごし方、生き方は、他にはなかなか代わる在り方は見つからないと私は確信して疑わない。それぞれの諸宗教には各宗教の教え教義が厳然とあり、また同時にそれならではの強烈な特色をもっている。したがって真宗に限らず、宗教そのもの自体にはこころや魂の問題を解き明かすヒント、そして宗教的救いがある。これからの社会福祉、老人医療介護の課題もこうした宗教心に目を向けなければまことの福祉の真の価値が見えてこないのではと考えるのである。こうした宗教的ケアのたいせつさに、ケアマネージャー、介護支援者たちが気づいたならば、それを中心にして社会福祉、老人介護福祉の原点を垣間見ることになろう。同時に、ただ一回きりの他に代えようのない己が自身の貴い人生において、気づいてみたら不思議な仏縁の恵みにからめ取られている自分の生命の営みを、こころの深淵部または何かふとした瞬間に清風がわが身を過《よ》ぎるときにきっと感じることがあろう。

第四章　宗教から見た福祉とは何か

一　福祉のこころ『梵網経』

一体福祉とは何か。その真の本質、心とは何か。また、どう在るべきなのか。そうした課題について宗教の立場から語る際に、最も大切な資料となる『梵網経《ぼんもうきょう》』にそうした原点が数多く見いだされる。まさに福祉の心の宝庫である。

この『梵網経』は、大乗菩薩戒の根本聖典として古来より幅広くに尊崇される有難い経典である。同一の書物で内容の多いものは、まさに三〇〇巻となるとも言われている。正直言って、『梵網経』と聞いても、現代人にはまったく聞き慣れない言葉であろう。そこで経名の『梵網経』とはいかなる意味から来ているのかと言えば、人びとの機根すなわち理解能力に対して教えを設け、病気に応じて言葉を与え、しかも一人もその救いから漏らさないということである。そのことは、あたかも大梵天王《だいぼんてんおう》（インド思想で万有の根源ブラフマン［梵］を神格化したものが、インド教のインドラ［因陀羅］である。因陀羅網とは、インドラ［Indra］の網のことである。すなわち、帝釈天宮にある宝網で、結び目にある珠玉が互いに相映じ、映じた珠がまた映じ合って無限に映じる関係で、いわゆる華厳の重々無尽を説明している）が因陀羅網のようであったので名づけられたものである。

また本経の正しい呼び名は、「梵網経盧舎那《るしゃな》仏説菩薩心地法門品」と称すべきである。このビルシャナ仏とは訳して浄満と言い、報身仏であって身・口・意三業の防非止悪の菩薩となって、宗教福祉の心を、つまり仏の慈悲心を実践するのである。そしてビルシャナ仏（光明遍照、一遍一切処）の元は太陽の意であり、仏智の広大無辺なことの象徴として、『華厳経』の本尊になった。すなわち、無量劫海に功徳を修し正覚（悟り）を取り、蓮華蔵世界の教主となられ、千葉蓮華に坐し、右手は施無畏印《せむいいん》(1)、左手を与願印《よがんいん》とする奈良大仏の姿である。天台宗ではビルシャナ仏、密教では大日如来と同体の仏であり、法身報身応身の三身(2)に配して究竟の妙境に顕現する仏である。

この『梵網経』は中国成立の経典であり、一説には偽経ではないかと疑われるものだが、それは別問題としても、そこにはさまざまな菩薩の戒律が説かれている。利他行の実践、他人に代わっての代受苦、放生（捕らえられた魚鳥を放って、生きものの生命を助けてあげる）の勧め実践、看病介護、投薬病養の実践、抜苦与楽の実践等、どこを取り上げても、宗教福祉、仏教看護福祉の教えとなっているばかりか、広い意味では社会福祉思想の原点そのものである。

大乗仏教の教典『梵網経』は、一〇条の重い戒と四八条の軽い戒と計五八戒が説かれていて、これは言ってみれば在家でも出家でもすべての人が平等に受けられる戒律である。いわゆる梵網戒、大乗戒、菩薩戒などと呼ばれており、奈良仏教では一般に小乗の戒律と併用していた。例えば僧になる者は二五〇戒を受けた後に、この大乗戒をも受けていた。それは中国の天台宗でも同じ方式であった。最澄は特にこの『梵網経』を最も大切にしていた。最澄の『山家学生式・六条式』『四条式』等はこの経典が基本になって、大乗菩薩戒の精神が謳われたのであった。

最澄は、小乗が掲げる二五〇戒という数多い戒を廃止し、『梵網経』に説かれている一〇重四八軽戒を用いることを明言した。具体的には小乗の戒律の場合は一八人の正式な僧が必要とされたが、大乗の場合はそれを必要とせず、最終的には一人の僧が受戒に立ち合えば良いとされた。しかもこの戒律は奴婢《ぬひ》から出家僧まで用いる、一般人に開かれた簡略された受戒であった。この改革は誠に意義が大である。拡大解釈すれば、『梵網経』の教えは戒律としての実践徳目というよりは、大乗菩薩思想の究極の「一切衆生《いっさいしゅじょう》悉有仏性《しつうぶっしょう》」（生きとし生けるものは、すべて生まれながらに仏性を具有しているから、精進次第で成仏できるの意）の精神を文学的に表現したような所がある。私を棄てて他に尽くすことはまさに仏教の慈悲の教えである。

例えば『梵網経』巻下には、「自らを讃え他人を毀《そし》ってはならない。また他人にそうするようしむけてもならない。もしそうしたのなら、毀他の因・縁・業があることになってしまう。しかも菩薩とは、本来、一切の衆生に代わって他からの毀り辱めを受け、いとわしき事を自ら引き受け、好ましき事を他に与えるものである。もし自らの徳を揚げて他人の好事を隠し、他人が毀りを受けるようにさせるとすれば、それは菩薩にとってはもっとも重罪にあたるのである」と語られている。そこで、ここにおいて『梵網経』に説く十重戒を示しておきたい。いずれも一体福祉とは何か、また福祉の心とは何かを問い尋ねる時、密接に関係してくる項目である。これらは大乗教団よりの追放罪を意味する重罪行為として数えられているものである。すなわち、①生物を殺す、②盗む、③姦婬する、④嘘を言う、⑤酒を売る、⑥在家・出家の菩薩および比丘・比丘尼の罪過を説く、⑦自己を讃え他をそしる、⑧施しをするのを惜しむ、⑨怒って他人の謝罪をゆるさない、⑩仏法僧の三宝をそしる、等の十を禁ずるものである。

この戒律は天台宗で円頓戒《えんどんかい》（一度受ければ止悪修善の原動力となるものが永久に失われないと説く）として用いているものである。また、さらに十善十悪ということが仏教思想で説かれるが、十悪とは身体による動作と言語表現とさらに心意識作用の三つが作り出す悪を十に整理したものである。防非止悪としての消極的な自利行として捉えることもできる。しかしむしろ、十悪を取り除いて十善戒を守り、十善を積むことによる功徳を勧め、そうした仏の説く慈悲の積極的な現れと捉えれば、そのままが十善行となって人間の救いに通じるばかりか、福祉、幸福、平和への世界を目の前に実現させる目標・徳目になるものである。すなわち十悪の罪過を主として説きつつも、究極目標は万人を十善の功徳に向かわしめ、仏果、菩提の悟りの世界へと導かんとするプラス思考が働いているのである。

二　慈雲尊者の十善戒

そこで思い起こすのは、日本仏教史において広く思想史上の最も偉大な一人に数えられる慈雲《じうん》（一七一八～一八〇四年）尊者の名著『十善法語』と共に、『人となる道』が福祉の心、精神と結び合わされることである。そこでは、「十善ありとは、道に背くを悪といふ。道に順ずるを善といふ。此の善十種あれば十善といふなり。……能くこの戒を守るものは一切一民一切世界、みるところとして慈悲心ならざるなく、聞くところをして慈悲心ならざるなく、衆生無辺なれば戒もまた無辺、虚空無辺なれば戒も亦無辺なり」と記されている。さらには『梵網経』では「一切の男子は是《こ》れ我父、一切の女人は是れ我母、我れ生生に是れに従つて受生せざること無し。故に六道［迷って成仏しない群生海《ぐんじょうかい》の類の謂］の衆生は皆是れ我父母なり」という命題が窺われ、宗教福祉、仏教看護を考える場合、まず第一義的基本前提となっている点に注目すべきであろう。一言付け足せば、本書で説かれる「一切の衆生に皆仏性有り」「是れ一切衆生戒の本源、自性清浄なり」という言句を抜きにして福祉の心を語るわけにはいかない。ここでの「自性清浄」の意味は、人間は煩悩に普段は汚れているが、元々は身は清らかなものであり、心もまた清浄であって、身も心も本来は煩悩の垢を離れて清浄なる存在であるという、言わば根本命題と言えるものである。

一方、『七仏通戒偈《しちぶつつうかいげ》』においては、仏教僧侶に共通して読誦される「諸悪莫作《しょあくまくさ》」（諸の悪をなす勿れ）、衆《しゅ》善奉行《ぜんぶぎょう》（諸の善を奉行せよ）、自浄其意《じじょうごい》（みずからその心を清くする）、是諸仏教《ぜしょぶっきょう》（これ諸仏教の教なり）」と謳われる四連句に福祉思想の原点が簡潔に言い表され示されている。慈雲尊者は、本書中に孝は万行の本として、父母・師・僧の三宝に孝順することの大切さを強調するあまり、次のように特筆大書して宗教福祉の心を見事に語り尽くしている。

「もし人父母に孝なれば、帝釈天王つねに汝が家に在す、大梵天王常に汝が家に在す、如来正偏知者つねに汝が家に在すと。此の人天命に順じて天福を享《きょう》す。福を享して其のこころ邪曲ならず、是れを直心《じきしん》とす。経に云く、直心これ菩薩の道場、十善是れ菩薩の道場なりと。」

ここで父母に孝行随順する行為は、心を広く解釈すると、自分以外の万人はたとえ血を分けていない赤の他人であっても、わが父母と見て最も大切に思い、親の恩に報いるがごとく、誠心誠意、対応看病していくことに普遍解釈されることは当然行き着く思想である。しかも慈悲は、そうした十善的行為が行われるに、如何なる場所や時を問わず、どこに在ってもいつでもが神聖な道場となって捉えられている。すなわち仏の慈悲救済行為が営まれている現実相をすでに踏まえて見て取っているところに、福祉の原点とその意義をあます所なく表明している。同時に、慈雲尊者の極めて優れたしかも鋭い福祉思想の根拠性が顕示披瀝されている。

三　『父母恩重経』に見る福祉思想

また、このことと同時に連想される経典は『父母恩重経《ぶもおんちょうきょう》』（父母の恩の広大なことを微に入り細をうがって事細かに説き明かす）である。そこでは父母の恩は海よりも深く山よりも高く、測り知れるその恩恵愛情の数々は天の極まりがなきがごとくであることを、情細やかに諄々《じゅんじゅん》として語り続けられている。父母に供養することをこと細かに著している文章の一つ一つが、今まさに問われている老人福祉、児童福祉、障害者福祉であり、その医療・介護・看護・看病の方法は状況に応じ種々さまざまあるであろうが、福祉の原点となる考え方の基本は簡単である。挙げて示そう。

「仏宣《のたまわ》く、汝ら大衆よく聴けよ。孝養の一事《いちじ》は、在家出家の別あることなし。出でしとき、新しき甘果をうれば、もちさりて、父母に供養せよ。父母はこれをえて歓喜し、自ら食うに忍びず、まずこれを三宝に廻らし施さば、すなわち菩薩心を啓発せん。父母病《やまい》あらば牀《とこ》の傍を離れず、親しく自ら看護せよ。一切のこと、これを他人に委ぬることなかれ。ときを計り、便宜を伺い、懇ろに粥飯を勧めよ。親は子の勧むるをみて、強いて粥飯を喫し、子は親の喫するをみて、まげて己が意を強くす。親しばらく睡眠すれば、気を静めて息をかぎ、睡り覚むれば医者に問いて、薬を進めよ。日夜に三宝を恭敬して、親の病の癒えんことをねがい、つねに報恩の心を懐《いただ》きて、片ときも忘失することなかれ。」

ここで〈父母病あらば牀の傍を離れず、親しく自ら看護せよ〉に関連して述べると、サンスクリット語のウパスターナ（upasthāna）には「近くに立つこと」「傍《かたわ》らに立つこと」の意があり、転じて「奉仕」「世話」「看護」などと訳されている。仏典での「看護」を表す語の原意が「傍ら近くに立つこと」であるのは、福祉を志す者にとっては重要であろう。また英語のcareをケアと片仮名書きした「世話」の意味は、サンスクリット語のセーバ（sevā）から来た言葉であり、サービスの語源でもあるが、その意味は「親近」と訳され、親しみを持って相手に近付くという原意がある。ここに看護の基本姿勢が謳われている。

四　孝養を尽くす

孝養を尽くす方法は、時、所により千差万別であって、決まりはない。しかし大別して三つの種類に区別できる。その第一は、物質的な孝養であり、最低限度の衣食住の三つであろう。こうした行為は仏教で説く信者が僧に財物を施す〈財施〉、また僧が財施を受けてこれに報いるために法を説く〈法施〉という限定的意味から離れ、広く一般的に解釈すれば布施の中の財施に属する。しかしてその得た喜びは、その物の背後にある親を思う心、誠心・真心であり、そこに人間としての誠の在りよう、人は斯く在りなんという孝養、親孝行が求められる。要するに父母に食物、衣服、住む家をささげ、かつ両親に安らかにこの世を過ごさせ、その生活基盤をしっかりと備え、人生に老後の楽しみを与え、不安を一切取り除き、心からの安堵感や満足感を与えて上げることが、取りも直さず子としての父母に対する第一段の孝養であろう。翻って、そうした孝養孝行の行動をまったく見ず知らずの他人に、同じ心、態度を持って接し応じ、献身奉仕活動ができれば、これぞ誠の福祉の精神に根差した真の姿と言っても過言ではないし、またある意味では不可能に近いかも知れないが、一つの確固とした福祉活動における目標・理想と言うことができると考える。

〈布施〉という行為は、簡単に言えば、これは物心両面で相手のために尽くすこと、人びとに福利（幸福と利益）を分かち与えたり、更生（蘇生、生き返らせ、生活を正しく立ち直らせること）させることである。布施行に関しては仏教思想では「無財《むざい》の七施《しちせ》」の教え実践が説かれている。つまり財なき者にもなしえる七種の布施行があり、それは俗に言う〈貧者《ひんじゃ》の一灯《いっとう》〉とはまた違った立場、意味である。ちなみに、貧者の一灯とは、貧者のたとえわずかの寄付金でも、それに真心がこもっていれば、富豪・金持ちの虚栄の多額の寄付よりも勝っているということを意味する。そこで福祉における基本的態度として、「無財の七施」の教えという指針はきわめて重要なキーワードとなるものなので、その七種の項目内容を掲げて示したい。

①眼《げん》施《せ》：人の心がなごやかになるような優しいまなざしを持って見ていく
②和顔施《わげんせ》：心を開いて柔和な笑顔を絶やさないでいる
③言《ごん》施《せ》：人に信頼されるような思い遣りのこもった温かい言葉をかけていく
④身《しん》施《せ》：身をもって人から敬われ愛されるような行いをなしていく
⑤心《しん》施《せ》：他人や他の人に対して思い遣りの心を差し向けていく
⑥床座施《しょうざせ》：人が安らげるような場を整えたり、自分の席を譲っていく
⑦房舎施《ぼうしゃせ》：人が泊まる場や休息できる場を施し、もてなしをしていく

次に第二の孝養は、病気老体に悩む父母への看護介護、世話、愛護等である。人間は若い頃、または健康体の時は、普段総じて辛いとか、悲しいとか痛いとかは感じないが、あるいは感じてもそれほど深刻なものではない。なぜなら自分の喉元に熱湯が通過しないからである。しかし、予期せぬ病気や不慮の出来事に遭い、我が身体の健康を害し損なった時、必ずいかなる人も一時的にしろその痛み辛さ悲しみを身に染みて感得するものである。そうした場合、一刻も早く元の自由な健康体、姿に回復することを切実に願い望むものである。その時、自分にとって是非介護を必要とする思いが、身をもって実感されるはずであろう。そうした心、気持ちを一過性のことと思わず、心の片隅にとどめ置き大切にして、いつでも誰に対

しても誠心誠意、自分のできうる能力のかぎり、父母に対応すると同様、他の人に親切に看護介護を果たし、その人の心と身を共に安らげ、和《なご》ませ、いたわることが〈人としての道〉であると私は考える。

しかし以上の事柄だけでは釈尊は高大なる親の恩に対し、報恩の誠を十分に尽くしたとは言えないとして、弟子の阿難尊者の問いに答えて、第三に道徳的精神的孝道の大切な点を説き示された。たとえ父母であっても人間世間の道理に暗く反した行動が見られる時、一般人間の道徳として〈五戒〉を説かれている。ここに来て、最後に宗教的信仰、つまり仏法僧に心を傾けて信仰し、大安心を得ることを説き、宗教的孝道を示され、『父母恩重経』は結ばれるのである。

五　病人看護の心得――仏教看護――

そこで病人看護の心得に関してはいろいろ言われているが、看護五法ということが説かれている。すなわち、そのことは、病気を除き健康を回復するに役立ち、病人が快くいただく食物を調《ととの》えてあげることが第一である。しかも、薬の分量、種類を間違えたりせず、投薬の適当な時間を忘れずに、正しく含ませてあげることが第二である。さらには病人の大小便等の排泄も快く世話を致し、病人の身体、衣物、寝具を常に洗濯し、清潔に保ち、心地よくしてあげることが第三である。そしてさらには経済上の利害、損得の心を捨て、父母に対する愛憐の心、親切の心を持って、四六時中病人と差し向かいになり尽くすことが第四である。そして最後に、父母に精神的の慰安《いあん》（なぐさめること。きばらし）を与え、心の苦悩を取り除いてあげ、少しでも安らぎを与える尊い教えを説き、あるいは聞かせ、宗教的に心の扉を押し開いて、心に夢と希望を持たせ、楽に明るくしてあげることが第五である。

六 『ブッダのことば――スッタニパータ――』より福祉のこころの原点を探って

ここで釈尊在世の時の生に近い真実の言葉集『スッタニパータ』(*Sutta-nipata*)から「ブッダのことば」を拾い出し示して、仏教から見た福祉の原点とは何かを簡単に省察してみたい。

その前に『スッタニパータ』について一言説明すると、本書は現代の学問的研究の示すところによれば、仏教の多数の諸聖典のうちで最古のものであり、歴史的人物釈尊のコトバに最も近い詩句を集成した一つの聖典だということである。そういう意味では『ダンマパダ』(法句経)もその一つに併せて数えられている。

そこで本書の第二「小なる章」の中の「四、こよなき幸せ」を開いて拝読してみると、人間としての福祉観、つまり幸福に関する釈尊の率直な考え方が明瞭に説き示されている。ゆえにあえて列挙してみたい。「一人の容色麗しい神」による「多くの神々と人間とは、幸福を望みながら、幸せを思っています。最上の幸福を説いてください」との、たっての質問に釈尊は――「これがこよなき幸せである」と言って、次のごとくに数々の教えを示されたのである。

二五九　諸々の愚者に親しまないで、諸々の賢者に親しみ、尊敬すべき人々を尊敬すること。
二六〇　適当な場所に住み、前世には功徳を積んでいて、みずからは正しい誓願を起していること。

二六一　博学と、技術と、訓練をよく学び受けて、弁舌《べんぜつ》巧みなこと。
二六二　父母につかえること、妻子を愛し護《まも》ること、仕事に秩序あり混乱せぬこと。
二六三　施与《せよ》と、理法にかなった行いと、親族を愛し護ることと、非難を受けない行為。
二六四　悪を厭《いと》い離れ、飲酒を制し、徳行をゆるがせにしないこと。
二六五　尊敬と謙遜《けんそん》と満足と感謝と（適当な）時に教えを聞くこと。
二六六　耐え忍ぶこと、温良なこと、諸々の〈道の人〉に会うこと、時々理法についての論議をすること。
二六七　修養と清らかな行いと聖なる真理を見ること、安らぎを証すること。
二六八　世俗のことがらに触れても、その人の心が動揺せず、憂《うれ》いなく、汚れなく、安穏《あんのん》であること。

以上、これらのことを行うならば、いかなることに関しても敗れることがない。あらゆることについて幸福に幸いする。――これが彼らにとってこよなき幸せである、と著されている。ここに福祉の心が豊かに謳われ表明されていることに気付かされさまざまに洞察される。

七　奈良・平安・鎌倉時代に見る福祉思想

仏教では「作善《さぜん》」を強調する。これは「生善《しょうぜん》」と同義語で「滅罪生善」などとも言われる。つまり簡単に言えば、これまで犯した罪滅ぼしを行って、この世で功徳を積み、少しでも来世の往生を確かなものにしたいという誰しもが懐く心の現れからである。

そこには善因善果・悪因悪果、善因楽果・悪因苦果という仏教思想における因果応報の宗教観が存在する。そうした因果応報説が善根善事・作善を数多く積み上げ、できたらこの自分が生きている現在の身の上に善果として現れたなら、願ってもない最上の幸福、喜びであろう。奈良薬師寺の法相宗の僧景戒（生没年不詳）は、その著『日本国現報善悪霊異記』（略称『日本霊異記』）に善因善果・悪因悪果の道理の恐ろしさ、現前の事実現象の例話説話約一一〇余を収録して一書に著したのである。そこには「諸悪作すこと莫《な》く、諸善奉行せむことを」と冒頭に謳っているが、目標は一応庶民の心・魂の救済にあったということも同時に看過できない。当時にあって、それほどまでしても極楽浄土に往生することが如何に重大事であるかを自度僧景戒は訴えたかったわけなのだ。

ここで〈布施〉について考えてみると、物質的な布施（財施）がすべての布施行ではない。福祉問題について考える場合、特にキーポイントになろう。心優しい慈しみある愛語をもって、見ず知らずの人に語り掛けることも、実は立派な心の布施行に当たる行為なのである。さらには善意・好意の親切心から出た行為や、一般衆生に説法して人間としての正しい道、教えを説き明かすことも、また一種の施しとなる（法施）。

仏教の立場から言えば、簡単にできることは写経や読経とか経文を呪文のごとく口に唱えること、殺生をしないということ、さらには仏僧の教説を聞信すること、これらはいずれも広い意味での善因になる成仏行為である。ここで善因の例証の数例を『日本霊異記』中から掲げれば、写経（中六・下八、二二）、布施（中一六）、建塔（中一三）、放生（中五）、悔過（中六）等が記されている。これらの行為は、信仰心の強い弱いの個人差はあっても、「信仰信心」を基盤にして積極的に発露され出てくるものである。

八　「信」と利他救済のさまざま

信仰体制は、基本的には個人の宗教的構えだと言える。それに基づいて、宗教的福祉に関わるさまざまな行動が生まれ出てくる。そして宗教的福祉は、すべての宗教的行動活動の源泉だということが肝心な所である。だから信仰が深くなればなるほど、言わば生命を懸けて打ち込む宗教的慈善事業、慈善的利他救済、宗教的福祉行為を行うことが容易になってくる。そうした行為活動は、仏教の説く慈悲救済、抜苦与楽、常不軽菩薩、下化衆生（下に向かっては迷える衆生を教化すること。大乗仏教で強調する利他精神の現れ）に直結する思想であるからだ。

それは「信」の深まりと共に強固になるに従って、自ずと積極的で自由な行動が形成されてくるものである。そして宗教は人間の現実の生活を、心豊かにうるおいのあるものにする。したがって「信仰」が具体的な形をとった場合、まず基本的、純粋なパターンとして仏・菩薩への恭敬を持って「内観」「観法」「観想」という個人の心の領域で、身心統一し、思念を一心に仏・菩薩の相形や極楽浄土を観想する方法を取るものがある。それが外在化された方法としては、礼拝、写経、経文の読誦、放生、布施、また寺院建立や仏像造営となって現れる。さらには仏・菩薩の慈悲心の行為は、貧困者、病人患者等に振り向けられ、布施を意味する悲田養病、坊の施設建設、そこには医薬を施し、衆病を療救する慈善利他救済の実践となって現れてくる。行基《ぎょうき》（六六八〜七四九年）菩薩などに見る社会事業としての布施屋（王朝時代、官で駅路に設けた宿泊所・休憩所）は、もともと仏教用語である。もちろん運脚人や役夫に利用されたが、奈良平安時代に見られる布施屋はそれだけにとどまらず、民衆のニーズにも応えていたのである。そこには個人の自利救済から社会集団全体の利他救済に移行展開していく歴史的必然性が容易に認められる。明らかに宗教活動の場所が社会福祉活動の場でもあったことが分かる。

叡尊《えいそん》（一二〇一～一二九〇年）や忍性《にんしょう》（一二一七～一三〇三年）らの慈善救済や社会事業の数々を見ると、それはわが国の社会福祉史の上において一大偉業であり、鎌倉旧仏教の福祉思想を考える時、異彩を放つものであるばかりか、そこには今日の福祉が当面する課題をも十分含み持っている。また一方、仏・菩薩の「信」に裏付けられた慈悲救済の活動には、道路・橋梁《きょうりょう》・溝渠《こうきょ》・堤塘《ていとう》等の架設設営にも見られる。さらには農業を例にとれば、農耕開墾を進めていくためには、池を築造し、水利を確保し、その水を溝・桶を通して、個々の田に配分していくことが必然となる。それは社会的ニーズの上に成立する。空海（七七四～八三五年）においては万濃池で知られる。鎌倉時代には東大寺再建のために勧進し、そうした大仏再建の資材運搬のために道路の開削、泊の修築を行った。行基を大変に追慕尊敬していた重源《ちょうげん》（一一二一～一二〇六年）は、湯屋《ゆや》（公衆浴場）を一五箇所も建設している。それは単に浴湯による健康増進だけではなく、ケガレを浄めると共に身体的精神的衛生（健康に気をつけ、病気を予防・治療すること）面から言っても効果があった。鉱泉温泉に至ってはなおさらである。以上そうした行為実践は、福祉思想を考える際に無視して論ずるわけにはいかない。併せて古代中世の大昔から〈下化衆生〉〈慈善救済〉を説く仏教思想には、広く一般民衆に対しても社会的救済の自覚と確固とした意図があったことは忘れてはならない。

また、慈善救済活動から見て興味深いのは、非人救済にも目が向けられていた事実である。そこには非人、乞食、貧窮者、孤独者、病苦者を文殊菩薩の化身と見る、いわゆる文殊信仰があった。その典型として鎌倉仏教者に属する叡尊などは、文殊菩薩が貧窮・孤独・苦悩の衆生となって行者の前に現れるという教説に従い、非人を生身の文殊に見立てて無遮大会《むしゃだいえ》（聖凡・道俗・貴賤・上下の別なく、一切平等に財施と法施とを行ずる大法会）を行い、文殊供養としたことが挙げられる。また彼は、弟子に向かって、特に差別を受けがちな癩病患者に対して、罵辱や悪口雑言を加えてはならないと厳しく教えている。非人は社会体制や一般共同体の仲間に入れてもらえず、離脱疎外を受けた人びとである。要するに彼らは癩病者、乞食、囚人、淫女などのように社会の底辺に喘ぎ苦しみ呻き叫び悩むそうした人びとたちであって、人間として扱ってもらえない人たちを指す。叡尊の慈善活動は、自らが抜苦与楽の慈悲救済の精神で、非人にも斎戒《さいかい》（身心の行為・動作をつつしむことであるが、詳しくは心の不浄をつつしむことを斎、身の誤りをいましめることを戒という）を授けたのである。

注

（1）布施に財施《ざいせ》・法施《ほうせ》と何物にも畏《おそ》れることのない力を与える無畏施《むいせ》の三種類がある。そして種々の怖畏を取り去って、悩み迷える衆生を救済するのである。観音菩薩を施無畏者とも言うのは、この菩薩が無畏施をなす威力を持つためである。また、密教で手法印を現す時、右手の掌を伸べて挙げ、五指を立てて肩のところに当て、掌を外側に向ける印を施無畏印と言う。これは一切の衆生に安楽で不安のない恐れのない心を施すことを象徴する印である。まさに福祉活動の原点、原動力そのものである。

（2）法身は永遠不滅の真理で、仏陀の本身である。応身は仏陀の現身である。大乗仏教では、真理（法）より、衆生救済のためにこの世に応現した人格身とみなす。報身は両者を統合したようなものである。それは、単に永遠な真理でもなく、単に無常な人格でもなく、真理をさとった功徳を有する具体的普遍な身で、永遠な真理の生きた体現者であり、人格的力である。

千日回峯行を達成された大闍梨様は「生き仏」とも称され、まさに仏身慈悲の体現者であると言ってもよい。だから大闍梨様だけ御加持《かじ》（護念、加護などとも言う。仏・菩薩が不思議な力によって悩み迷える衆生を守ることを言う）ができるのである。なお、密教では、仏が大悲と大智とによって衆生に応ずるのを「加」と言い、衆生がそれを受け持つのを「持」と言う。

また、手に印契を結び（身密）、口に真言を唱え（語密）、心に本尊を念じて（意密）祈る「三密加持」によって、さまざまな不思議が起こってくる。そのことを「三力加持」と呼んでいる。「三力」とは、人を救いたい、つまり本来のエネルギーを開放させたいと願う仏の力「如来加持力」と、行者や信者が救いを求めて祈る力「衆生功徳力」、そして宇宙そのもののエネルギー「法界力」である。この三密加持により、三つの力が一つになった時、仏の力が体内に注ぎ込まれ、人間の回復力が目を覚ますことになる。病気はすべて加持祈禱だけで治るというのは迷信であり、またすべて医学だけで治るというのも明らかに迷信だと思う。

人間には、精神と肉体がある。また同時に確かに霊的なものも存在する。したがって、弘法大師は、「怪我や病原菌などによる病気は、医者の手によって治すべし。失天的なものは治らないが、自分の心が作り出す病は、加持力で治せ」と言っている。そこで「自分の心が作り出す病」とは、精神病や神経症だけを指すのではない。宇宙のリズムと自分自身のリズムが合わなくなり、生命力が落ち始めたのが原因で起こる病気全部を指すのである。特に霊的なものが絡んで心身の症状が現れている場合は、医者による治療だけでは、なかなか効果が上がらないことが多い。たとえばバイブルには、イエスが不治の病、そして病《や》める病人患者から悪霊をことごとく追い出し、元どおりの健康な体に直した例話が数多く記されてある。ともあれ、加持祈禱は、大宇宙の力、自然の力を借りてそういった病気を治す、先人の経験に裏付けられた方法なのである。いわゆる原因不明の奇病と称するものにも、実は加持祈禱は実際に効果を発揮している。

参考文献

「梵網経」『国訳一切経』印度撰述・律部一二巻に所収
木南卓一『慈雲尊者――生涯とその言葉――』三密堂書店、一九七九年
永久岳水『仏説父母恩重経講話』中山書房仏書林、一九九六年
藤腹明子『仏教と看護』三輪書店、二〇〇〇年
中村元訳『ブッダのことば――スッタニパータ――』（岩波文庫）岩波書店、一九六九年

第五章

道元の菩薩道と福祉の精神

道元における菩薩としての修行を福祉思想の観点から捉えていく場合、最も適当な巻は何といっても『正法眼蔵』「菩提薩埵四摂法《ばだいさったししょうほう》」が挙げられる。簡単に言えば、菩薩が人びとを悟りに導くための四つの徳目、方法が著されている。つまり菩薩の修行法であり、その功徳にこの四摂法がある。それは、①布施、②愛語、③利行、④同事の四つの衆生の把握法を指す。そこには菩薩の行ずべき実践徳目の中で、対社会的徳目が説かれている点に関し、特に福祉思想に関連して考察する場合、看過できない諸点が認められる。道元は本巻で「この四摂、おのおの四摂を具足せるがゆゑに、十六摂なるべし」と記している。しかしさらに厳密に言えば、菩薩の身口意三業で把握すると、布施の中に九の化導方法が認められ、それに一六摂法を掛けると一四四となる。したがって、仏法による大乗菩薩の慈悲救済の精神に照らして、その救済方法、技術の構造や機能そして創意工夫は尽きることがない訳である。ともあれ、人びとが真に幸福となる祈願を込めた福祉という意味から慈悲救済、菩薩道の実践を理解する時、道元の「四摂法」(略記)の解釈は実に懇切丁寧であるばかりか、まさに有益有効で福祉の原点に強く触れる。また、『正法眼蔵随聞記』にも「利他救済」「抜苦与楽」等の慈悲救済の菩薩道の精神が強く謳われている。以上、そうした観点から福祉の論考を試みたい。同時に、キリスト教、とりわけパウロにみる愛の教え並び実践の立場から、仏教との比較で福祉を捉えてみる。

一　四摂法

布施にはいわゆる三種の布施がある。すなわち信者が僧に財物を施す財施、僧が食を受けてこれに報いるために法を教え示す法施、そしてさらに不安や恐怖の心を取り除いてあげる無畏施の三種の布施である。しかし、考えてみればこうした布施解釈はステレオタイプ化された従来の一般的でありふれた理解である。ところが布施に関し道元に的を絞って把握し直してみると、彼の理解は無尽蔵といって決して誤りではないくらいに微に入り細をうがち、考えられるあらゆる視点角度から縦横無尽に筆を運び論及し、論じ極めていると言えよう。布施に対する真理追求の在り方には、道元のロゴスへの確固とした信頼が一種の自信とまでなって言外にも表れている。すなわち、如何なる場所・時・状況にあっても、普遍的な思索思惟となって論じられており、仏祖の行道としての四摂法を道元は強い対社会的救済観を前提に掲げさまざまに論及していることが理解できよう。

そういう意味から改めて道元の「四摂法」を読み直してみると、鎌倉仏教者の中で道元のような幅広い思索で奥深い「四摂法」の解釈は、まずもって先例がない。道元の独自な仏教観から、いわゆる社会福祉の観点から改めて見直してみるとき、布施・愛語・利行・同事のいずれもが対人間社会の接し方を詳細に亘って指南指導しており、福祉関連において指針方向付けになる珠玉の宝である。「四摂法」とは、菩薩の修行法として説かれており、それはすなわち布施・愛語・利行・同事である。これは簡単にいって、布施を中心とした菩薩の慈悲行をまとめたものであるといえる。

大乗仏教が起きる以前のいわゆる小乗仏教では、指導者の人びとは寺院にこもって専門的な教理や研究に没頭し、一般民衆の一人ひとりの心・魂の救済に関しては効果がなかった。それに反発して理論よりも信仰的実践的な道を求めた結果、菩薩の修行法として六波羅密の実践徳目が問題にされるようになる。六波羅蜜とはすでに周知の如く、①布施、②持戒、③忍辱、④精進、⑤禅定、⑥智慧の六つの徳目である。思うにこの徳目は、大乗の菩薩の存在理由の在り方がよく端的に表明されている。それはまず与えるということから始まって、最後は智慧の完成によって菩薩の修行が成就することを意味する。そもそも仏教では、最後の目的は〈悟りの智慧をえること〉にある。しかし智慧に種々のものがあり、たとえば世俗的な欲界の有漏の智慧もあれば、初歩の悟りの智慧もあり、また声聞阿羅漢の智慧、さらには縁覚の智慧もある。また菩薩においても種々の段階の智慧があり、そして仏の最高の智慧などがある。また智慧を意味する仏教用語もさまざまである。

ところで一般には般若の智慧とも言われ、その場合は最高の智慧のように考えられているが、般若だけでは普通の智慧であって、これに波羅密（paramita）という最高完全という語意が加わって、そうして般若波羅密で最高完全の智慧ということになる。仏教の理想では、この最高の無分別智を得た仏・菩薩はそこにとどまることを良しとしない。そのためにその智慧でもって衆生救済の慈悲活動に、すなわち娑婆世界に舞い戻って救済活動に転ずることになる。この時にはその智慧は対象としての衆生を意識する有分別智となる。しかしこの智慧は最高の無分別智を得た後に起こるものであるから、以前の有分別智と区別して有分別後得智と称される。そこで六波羅蜜で言えば、般若波羅密以前の布施・持戒・忍辱・精進・禅定の五つがそれに当たり、これを方便と捉え大悲の慈悲活動と理解するのに対し、般若は大智と捉え知恵活動とみる。前者は下化衆生の大悲に属し、後者は上求菩提の大智に属する。そうすると、布施とは最高の悟りの智慧を得るための前段階の方便ということになるわけだ。そして仏・菩薩は何故に「下化衆生」「利他救済」「自未得度先度他」等の大乗菩薩の慈悲心とその教化活動に熱心になるかと言えば、その答えは簡単である。すなわち、大乗仏教の教えに従えば、「一切衆生悉有仏性」「草木国土悉皆成仏」の思想が根本前提にあり、すべての人はもとより草木国土に至っても仏性を具えているから、人にあっては菩提心を起こして菩薩となることができるし、またさらには人間以外の森羅万象や個々物々の無感情と想われる対象においても成仏する可能性があると広く解釈されるようになってくる。日本仏教においては空海などにはそうした日本的仏教解釈の著しい展開が認められる。

大乗仏教の『大般涅槃経』では、すべての人びと（他の動物も含む）は仏となる性質や能力としての仏性を具えているとして、「一切衆生悉有仏性」を説く。とくに福祉の問題を論ずる場合、この論点主旨は重要である。道元は『正法眼蔵』第三巻に「仏性」を著している。この巻は四百字詰の原稿用紙に換算して、およそ四十枚くらいの分量である。道元は、ここで仏性の問題点をさまざまな角度からロゴスを頼りに徹底して説明を試みている。簡単に言って、道元の理解は一切存在のすべてを衆生と呼んでいる。しかも仏性は師から弟子に伝えられるばかりでなく、すべてのものに同時に伝えられる。なぜならば、それは仏性は少しも混じりけのない全体であって、この世界には仏性以外の何ものもないと説く。つまり万物が仏性だからである。しかも仏性とは「時節が至れば」理解ができるという性質のものではなく、実はすでに時節は到来し至っていると見る。道元から言えば、およそ時節の至っていない時節というものはどこにも存在せず、仏性の現前していない仏性などというものはないのである。[1] 一切の慢心を取り去って仏性を体験すれば、万有の一切がことごとく仏性であるという訳である。仏性とは、とり立ててわれわれの眼の外にあるのではなく、まさに「柳緑花紅、谿声山色」、つまりありのままのものごとの一つ一つの「相《すがた》」「はたらき」にほかならないと言う。[2] 仏性とは、今・ここに現前する現実なのである。仏性の現成《げんじょう》そのままが、即生、生命の相であり、いきいきとした働きなのである。そして「仏性」の巻の最後で、道元は、この上、仏性についていうならば、あまり詳しく説明するとかえって難しくなると言いつつも、要するに仏性は土塀《どべい》・瓦礫《がれき》だという。さらに言えば、仏性は鬼神の姿にもなる。つまりはあらゆるものが仏性の現れなのだと言う。[3]

二　菩薩道の精神

以上、ここまで道元が仏性論を徹底させて、多極面から説き及んでくると、「福祉」とは基本は人間対人間の関わり対象関係であることからすれば、人間以外のすべての物にまで仏性を当てはめ説示する立場から判断して、仏性の中に福祉論そのものが包み込まれ完全に包含される。ただ、敢えて「福祉」にからませて、仏性の世界をより普遍化して把握すれば、時、所、状況を問わず、また、見えたり見えなかったりを問わず、どんな時間・場所・状況にあっても、福祉とは常に「抜苦与楽」「下化衆生」「利他救済」

「慈悲救済」「身心の癒し」「代受苦」「不安の解消としての無畏施」など、要するに一言で真の人間の幸福を増進増長するものでなければならないし、そのような切実な要因が求められる。そのためには、どこに在っても、また如何なる状況・立場・環境に直面していても、そこが菩薩の「神聖な修行道場」だという認識が不可欠であろう。それゆえ、道元流に言えば、菩薩というように高い志や目標を掲げての慈善事業や菩提心を意識自覚しての施しをするとか、弱者・不幸者に手を差しのべると捉える程度の理解では明らかに、仏祖正伝の正しい仏教を理解しない訳であり、先尼外道《せんにげどう》の仏法を解せぬ者ということにもなろう。

仏教一般の思想から解き示せば、発菩提心を起こして仏道を行じようとする者は、仏道者として高く評価される。それは当然のことであるが、自分の身近にいる仏僧が多くの人びとを真に悟らしめようと、真剣勝負で生命を掛けて日夜修行行道に励み、ときに己れの財を喜捨するとか、代受苦も自ら進んで慈悲救済の実践行為を行っているかと尋ねると、意外と身近には見当たらないと思う。また一方、四弘誓願について言えば、すべての菩薩に共通して存在する四つの誓願であり、仏教が仏教であるためには決して消え去らない存在根拠となっている。しかしよくよく四弘の誓願を読み解いてみると、第一番目の「一切の生きとし生けるものすべてを悟りの彼岸に渡そうと誓」（衆生無辺誓願度）以外他三つは、むしろ利他優先のための救済よりも己れ自分の修行としての「断・学・成」の意味が強いように考察される。また他の三弘誓願は単純に理解して対社会的活動としての福祉と一見関連密接のようで実は程遠い響きが伝わってくる感じをもつ。否、決してそうではない、と断言すればそれまでのことである。しかし四弘誓願は道元の「四摂法」から比べて、あまりにも理想主義的で抽象概念的であり、具体性が無く漠然とした表現で捉えどころが無く思える。それに比べ、「自未得度先度他」の用語の方が菩薩道の精神を端的に暗示し語っていて分かりやすい。だが一方で、「自未得度先度他」（自らいまだ度《わた》らざるに先に他を度す）の精神自覚を保持せずとも、菩薩道の大乗仏教の慈悲心に適った布施行為は誰れもが日常普段に行うことである。菩薩道とはたしかに覚《さとり》を求めている者を指して言う言葉であるが、必ずしも菩薩思想の認識や自覚がなくても、方便としての布施は万人が生活の中で営為する実践そのものである。そして広義の布施の意味からいけば、布施を与える者は同時に布施をして受持されることによって、逆に期せずして有形無形に別な形で功徳を施されて我が身に報われるということも言えよう。それゆえ、菩薩道という既成概念や知識にとらわれず、社会的動物である人間の営みの在りようから論ずれば、布施も福祉も、万人の万人による行為すべてに関して布施であり福祉だと言い得よう。したがって、翻えして視点を換えて捉えてみると、菩薩道とはすべての一人ひとりが自覚・無自覚に関わりなく如何なる者も日々実践し、また思考工夫しつつ、創意工夫の上に練磨修養修行していると理解できよう。

また、福祉思想から見ていくと、ある人に代わって苦しみを喜んで、進んで受ける〈代受苦〉という考えが厳然としてあり、これは言うまでもなく何も仏教思想に限ったことではない。もちろん、キリスト教、イスラム教にも信仰の核心部分の一部として抜き難く存在している。たとえば、マキシミリアン・コルベ（Kolbe, St. Maksymilian. ポーランド、一八九四～一九四一年）神父のように牢獄で、見ず知らずの人が死の最期にせめて一度家族に逢いたいとの願いを身近に居て聴き、その許可のために身代わりとして、死を恐れず自ら名乗り出て死を選び泰然と天国へ旅出って行った実例がある。彼はフランシスコ修道会の司祭であり、アウシュヴィッツに収容され、囚人フランチシェク・ガヨヴニチェクの身代わりとして死刑に処された。そして一九八二年に聖人に加えられた。このコルベ神父の贖罪愛は、友人のために生命を無償で提供し、自己犠牲することが最高の愛の証しだとするキリスト教信仰から来ている。すなわち、その根拠となる具体的文章は、「ヨハネによる福音書」第一五章一二〜一三節に窺える次の箇所である。「わたしのいましめは、これである。わたしがあなたがたを愛したように、あなたがたも互に愛し合いなさい。人がその友のために自分の命を捨てること、これよりも大きな愛はない」。コルベ神父は友人ではなくまったく身知らぬ人であり、キリスト教からすればそのことは隣人であり隣人愛という行為に数えられるが、それにしてもまことに感動せずにはおれない勇気ある行為である。コルベ神父のこの崇高な贖罪行為（死）は、苦を完全に超越した具体例そのものの見本であり、他人の生命を助ける代わりに完全に自らの生命を自らの信仰と愛で絶ったのである。

三　聖書に見る愛・隣人愛——仏教との比較による福祉理解——

翻ってここでバイブルを例に取って、「福祉」観の理解の一端を考察してみたい。「マタイによる福音書」第二二章（三六〜三九）には、次のように記されている。

「先生、律法の中で、どのいましめがいちばん大切なのですか」。イエスは言われた、「『心をつくし、精神をつくし、思いをつくして、主なるあなたの神を愛せよ』。これがいちばん大切な、第一のいましめである。第二にこれと同様である、『自分を愛するようにあなたの隣り人を愛せよ』。」これらの二つのいましめに、律法全体と預言者とが、かかっている。」

ひとまず律法のいましめという最大課題から離れて、この一節を広く社会福祉という観点より考えてみると、そこには明らかに人間の在り方の原理原則が謳われ、まさにそのことは福祉の原点といえる教えである。それは次の二本柱の文章に語り尽くされている。すなわち、それは「心をつくし、精神をつくし、思いをつくして、主なるあなたの神を愛せよ」という戒と、「自分を愛するようにあなたの隣人を愛せよ」という戒の二つであり、神に向かっては心・精神・思いを尽くして全力投球して神を信仰せよという意味であり、同時に人間においては何と言われようと自分が一番誰よりも可愛い訳で、自己愛の感情気持ちは万人一人ひとりが教えられずとも本能的・自己防衛的に例外なく保持しており、その事実を問題にしてもはじまらない。むしろ大事なことは自分を愛する気持を少しでも隣人に振り向け、お互いが助け合いなさいという意味である。この部分の「自分を愛するように」との前文は、道元が『正法眼蔵』「発菩提心」の巻で「衆生を利益すといふは、衆生をして自未得度先度他のこころをおこさしむるなり」[4]と語り、仏法のために仏法を修する事が道であり、衆生の彼れと我れの関係の有り方を問題とせず、いきなりそうした現実の一人ひとりの関係を超脱して仏法に帰一するいわゆる出家至上主義的考え方とは、バイブルの教えと二極的対照的であるように思える。たしかに「自未得度先度他」の仏語にある如く、おのれいまだわたらざるさきに一切衆生をわたさんとの発菩提心を起こし、燃えるような高い理想を掲げる菩薩の慈悲心には不動なる渇仰のほどが表現されている。道元は『正法眼蔵随聞記』の中で「仏菩薩の大悲は利生を以て本とす」[5]（仏菩薩の大きな慈悲心は、生あるもののためになることを根本としております）と語り、さらに「此の如きのことも、時に望み事に触れて道理を思量して、人目を思はず自らの益を忘れて、仏道利生の為に能《よき》ように計らふべし」[6]（このようなことも、時に臨み事に触れて、その道理をよく考えめぐらし、人が見て何と思うかを気にせず、自分の利益を念頭におかず、ただ、仏道のため、また生あるものに利益を与えるため、少しでもうまくいくように計らうべきである）と記し、時、所、状況をよく見て判断することを説くが、その判断基準は慈悲とは言わず仏道であり、利他利生を説くにも仏道が根本にある。道元においては「仏祖の行履の外は皆無用なりと知るべし」(7)「善くもあれ悪くもあれ仏祖の言語行履に随がひゆくなり」(8)とする仏祖の教説や行いに盲目的に随順する思考態度が色濃く窺われる。同様に、『正法眼蔵随聞記』で「仏道を学ぶ人は、天台・真言など経論をもととした宗旨の書物や、仏教以外の経典などを学んではいけない。しかるべき祖師の語録などを読む方がよい」(9)と厳然と曹洞禅の系譜に連なる祖師の語録をのみ読み学ぶことを主張する。また他方、道元は「学人、人の施をうけて悦《よろこ》ぶ事なかれ。またうけざる事なかれ」(10)（仏道を学ぶ人は、人から布施をいただいてよろこんではいけない。また辞退してもいけない）と記し、その理由として、この施物は自分に供養されたのではなく、三宝（仏・法・僧）に供養されたからだと示す。

ところでバイブルに戻ってみよう。聖書の中に良きサマリア人の譬え話が語られてある。良きサマリア人は在家生活の中で隣人への愛を黙々と実践する人である。それは、当時の古代イスラエルにあって数々の不信や疑惑や不安が渦巻く社会の中、戒律・律法にとらわれることなく人間としての良心に基づき、常に他人を思い遣る優しい哀れみ・労りの心を持ち具えて逞しく生きていた人の物語である。この隣人愛の実践に福祉の心の原点を見ることができる。また、「愛の讃歌」を歌ったパウロの「コリント人への第一の手紙」第一三章（一〜一三）の三節では「たといまた、わたしが自分の全財産を人に施しても、また、自分のからだを焼かれるために渡しても、もし愛がなければ、いっさいは無益である」と記されている。そしてさらに「愛は寛容であり、愛は情深い。また、ねたむことをしない。愛は高ぶらない、誇らない、不作法をしない、自分の利益を求めない、いらだたない、恨みをいだかない。不義を喜ばないで真理を喜ぶ。そして、すべてを忍び、すべてを信じ、すべてを望み、すべてを耐える。愛はいつまでも絶えることがない」（四～八）とパウロは語り、章の最後において「このように、いつまでも存続するものは、信仰と希望と愛と、この三つである。このうちで最も大いなるものは、愛である」（一三）と結んでいる。

私見するに、この箇所の文章のところで「愛」を「福祉」という言葉に置き換えて全文を読み直してみると、いっそう「福祉とは何か」の意味そして内容が広い視野、概念をもって把握されてこよう。また一方、キリスト教における福祉理解には、次の一節文が適当であろう。すなわち「ヨハネの第一の手紙」の中で「世の富を持っていながら、兄弟が困っているのを見て、あわれみの心を閉じる者には、どうして神の愛が、彼のうちにあろうか。子たちよ。わたしたちは言葉や口先だけで愛するのではなく、行いと真実とをもって愛し合おうではないか。それによって、わたしたちが真理から出たものであることがわかる」（一七～一九）と記す文章から、「言葉」「口先」だけではなく、むしろ実践的行為行動と真実な心をもって愛し合うことの大切さを説いている。また同じく「ヨハネ第一の手紙」第四章では「愛する者たちよ。わたしたちは互に愛し合おうではないか。愛は、神から出たものなのである。すべて愛する者は、神から生まれた者であって、神を知っている。愛さない者は、神を知らない。神は愛である」（七～八）と〈神は愛なり〉のキリスト教の最大最高の根本命題が明言されており、その教えは実に簡潔明瞭に「見ている兄弟を愛さない者は、目に見えない神を愛することはできない」とパウロは厳しい口調で、断定的に語っている。

続いて「ヨハネの第三の手紙」では、「愛する者よ。悪にならわないで、善にならいなさい。善を行う者は神から出た者であり、悪を行う者は神を見たことのない者である」（一一）と記す。この一節は道元の『正法眼蔵』「諸悪莫作」に取り上げられ論究されている仏教の教えである「七仏通戒偈」の中に二句「諸悪莫作、衆善奉行」と比較照合され重なる内容部分であろう。

いわゆる「七仏通戒偈」とは過去七仏が共通して受持したと言われる釈尊の戒めの偈であり、その初出は『増一阿含経』四四巻の「十不善品」にみえているものである。

道元は「諸悪莫作」の冒頭で次のように解く。釈迦牟尼仏がいわれた。「諸々の悪をなしてはならない。もろもろの善を行うべきである。それには、自らのその心を清浄にする。それが諸仏の教えである」[11]（諸悪莫作、衆善奉行、自浄其意、是諸仏教）と。この四句の偈は過去七仏の通戒偈である。過去七仏から前仏より後仏に正伝し、後仏は前仏より相承された仏道の根本の教えである。この仏教の根本精神は、ただ七仏だけに正伝・相続されただけでなく、すべての仏教の根本精神というべきである。さらに次のようにも語っている。

七仏の仏道とは通戒偈の精神である。この精神は単に七仏の仏道正伝の相続において明らかに把握されたばかりでなく、今日なおその精神を真に正伝せねばならない。

いわゆる「七仏通戒偈」の精神とは、見方によればそのままが福祉の心・精神にも置き換わり得る。しかも、それは今日においても、尚その精神は社会福祉の原点、在り方を教え示していると捉えられる。諸悪を作ることなかれという文句は、人間が「諸悪」を道徳的に反省し工夫して、諸悪は作るまいと用心して言っているのではない。道元においては、諸悪といっても、前の時には善であったものが後の時には善でなくなる場合もある。また前の時と後の時の同不同があり、天上界の悪と人間界の悪にも同不同があるという。したがって、善悪は時に応じて異なるものである。[12] しかし時そのものは何時、如何なる場合も悟境を開く者の間には真理であり、ものごとそのものは真理であるから善悪はない。たしかに無上の悟りを実現するためには、師に随って修行し証しを得る。あるいは経巻等を読んで参考と成す。それゆえ仏法の修行には初めて発心して、修行し、菩薩を得て涅槃に至るも、わが行持をもって、過去・現在・未来の諸仏に助けられて行持が現成し、同時に諸仏も見成せられる訳である。

さて、パウロは、「ローマ人への手紙」の第一二章において、信徒兄弟たちに向かってキリスト教徒としての在り方から身の振る舞い諸行動について、詳細に懇切丁寧に説明指導している。すなわち、パウロは、キリストにあって一つの体である各信徒達に対し、伝道布教の際に最も大切な心得として、いわば異邦人に対する対応マニュアルというべき行動心得を細かく指導している。それは「奉仕であれば奉仕をし、また教える者であれば教え、勧めをする者であれば勧め、寄附する者は惜しみなく寄附し、指導する者は熱心に指導し、慈善する者は快く慈善をすべきである」（七〜八）と記されている。さらに諄諄と次のようにパウロの助言・指導が語られる。

「愛には偽りがあってはならない。悪は憎み退け、善には親しみ結び、兄弟の愛をもって互いにいつくしみ、進んで互いに尊敬し合いなさい。貧しい聖徒を助け、努めて旅人をもてなしなさい。あなたがたを迫害する者を祝福しなさい。祝福して、のろってはならない。喜ぶ者と共に喜び、泣く者と共に泣きなさい。互いに思うことをひとつにし、高ぶった思いをいだかず、かえって低い者たちと交わるがよい。自分が知者だと思いあがってはならない。だれに対しても悪に報いず、すべての人に対して善を図りなさい。あなたがたは、できる限りすべての人と平和に過ごしなさい。愛する者たちよ。自分で復讐をしないで、むしろ、神の怒りに任せなさい。なぜなら、『主が言われる。復讐はわたしのすることである。わたし自身が報復する』と書いてあるからである。むしろ、『もしあなたの敵が飢えるなら、彼に食わせ、かわくなら、彼に飲ませなさい。そうすることによって、あなたは彼の頭に燃えさかる炭火を積むことになるのである』。悪に負けてはいけない。かえって、善をもって悪に勝ちなさい。」[13]（九〜二一）

以上、取り上げたようにパウロの説示どれ一つとっても、対社会的な対応対処を人間心理まで理解した上、逐一事細かに言及しており、伝道布教者における正しい行動指針の教えを明確に明文化して解き示している。このことは、他方、道元の「四摂法」そして懐弉の編した『正法眼蔵随聞記』と比較しても、人間の対応方法はより内容的に具体的であり、さらに説明指導の言葉数ははるかに多い。仮に困難に遭遇し、如何なる事・場所・状況に出逢っても、パウロの書簡文さえ読んでいれば決して迷うことはない。たしかに聖書の方が「諸悪莫作、衆善奉行」の方より顕著に明文化され分かりやすい。

翻って、道元は「四摂法」の冒頭に「一者布施、二者愛語、三者利行、四者同事」[14]と筆を書き出し、続いて四摂法の第一「布施」について語り始めるが、布施の心行を一般的解釈とは次元を異にし対社会的徳目の布施行為を考えうる限り思考する。その考えは縦横無尽にして従来の常識的理解を飛び越して、実に深くまで掘り下げる道元の思索の行路は予想外である。道元は一気に「その布施といふは不貪なり。不貪といふは、むさぼらざるなり。むさぼらずといふは、よのなかにいふ、へつらはざるなり。たとひ四洲を統領すれども、正道の教化をほどこすには、かならず不貪なるのみなり」[15]と、指定・説明する意を表す「ナリ」を連続使用し、自信を持って筆を運んでいることが拝察できる。「不貪」については、『正法眼蔵随聞記』にも見え、禅僧の心がけは仏祖の行いをその通りに守ることであり、釈尊が財宝をたくわえず、乞食を行じて模範を示した如く、仏道の第一の基本は財宝を貪らないことを説いている。本文では「第一には財宝を貪るべからず」[16]と戒めている。なぜならば、仏道を学ぶ者は、特に貧しくあるべきであると道元は言う。たとえば世の中の人を見ると、財宝を持っている人には、まず怒りとはずかしめの二つの難がきっとやってくる。財宝があれば人はこれを奪い取ろうと思い、自分は取られまいと思う。するとたちまちに怒りが起こる。あるいはそのことで言い争って訴訟対決になり、ついに争い、戦いをするに至る。このようなわけで怒りが起こり、はずかしめがくるのである、と道元は示衆している。仏教で説く根本煩悩を三つあげると、貪欲・瞋恚・愚痴（貪《とん》・瞋《じん》・痴《ち》）であり、これらは善根に害毒を与える小随煩悩で説かれる忿《ふん》・恨《こん》・害《がい》などは怒りである瞋の部類に数えられる。

ところで仏教的意味の布施とは、まず一般的基本的理解では物惜しみせずに、僧侶に財物や銭を与え、それに報いるに僧が旦那衆に対し法を施し恵み与えることの意味が考えられる。しかし、その前提には「清浄な心で」「打算的利益的目的ではなく」「見返りを求めず」「ただ、与えるために与える」そうした心は施す側・施される側の両方共に不可欠の要素であろう。そして右手のした事を左手に直接知らせず、施した後は施したという事さえ忘れ去ることが肝要であろう。そこに陰徳を積むという功徳が生まれる。もちろん施される物が高価で量も多いだけ当然有難がられ感謝される事実は確かに否定はできないが、それによって布施の価値が左右され決まるものでは決してない。旦那が僧に金銭や物品等の財物を、多少の有無にかかわらず、ただ、無償で差し上げること、そのこと自体に価値があり意味があるのである。

一般人が僧に金銭や物品等を寄附することまた行為は皆財施として一応理解できよう。それに対し施しを受けた側の僧が法を説き、迷った人たちの不安な気持ちや心配の種を解きほぐして人間本来の清浄な心・健康な心理状態にさせること、そのための法を僧が熱心に説いてあげることを法施と言っている。そうすると、布施とは本来的意味から言って与える見返りに何かを受け取るという世俗的ビジネス、ギブ・アンド・テイクの成立関係ではないことは元より自明であろう。また同じく、必ずしも一方的に富者が貧者とされる者に、高きから低きへと恵み施すという上下の権力的関係がからむ人間関係ではない。法施は金銭や物質が対象とされていない。それは目に見えない心の内容の十人十色の悩みや問題を解消へと導き、ある満足を与える行為を指す。世の中には金で買えないことは無数に多く存在する。したがって、人においては金銭や物品以上の価値がある場合も大いにありえる。

小乗仏教圏の社会では、在俗信者または一般民衆の一人ひとりが、仏・菩薩に司える僧侶者たちを在俗者に比べ一段高く特別な気持をもって尊敬するばかりか、喜捨する。それには長い時代の歴史的習慣となって行われており、そうした喜捨に疑問をいだいたり物惜しみすることはまず考えられない。それは当然というか、自然の行為である。したがって、布施には何かの見返りを期待したり、打算的目的、そして惜しんで義務的自覚をもって施すといったことでは断じてない。自ら進んで自己意志で喜捨する行為がその基本に存在する。また、他人の目を気にした世間体や見栄や名利のための布施は、本来の布施としての意味をなさず、そうした場合は「不清浄施」として退けられるのが仏教界の常識である。

四　大乗仏典と道元に見る布施観

たとえば『大般涅槃経』には布施（offering）について正しい最上の施しのあり方を「施した後で悔いたり、施して誇りがましく思うのは最上の施しではない。施して喜び、施した自分と、施しを受けた人と、施した物と、この三つをともに忘れるのが最上の施しである。正しい施しは、その報いを願わず、清らかな慈悲の心をもって、他人も自分も、ともにさとりに入るように願うものでなければならない」(17)と極めて具体的に分かりやすく記述説明されている。要するに布施とは自他共に悟りの世界に入るようにと願う心から起きてくるのである。上記の文章から分かるように施しとは、惜しんだり、悔やんだり、自慢したりするのは最上の施し行為ではないと説いている。正しい最上の施しは、形にあるのではなく施者の心にあり、それは施した己れ自身を忘れ、施した相手・人のこと、そして施した物品が何であるか、の三つを共に心に思い描いたり記憶にとどめたりせず、きれいさっぱりと放下着（禅宗では、手から一切を捨てて一物も執着せず、無我の心になることを無一物者として捉える。しかも同時に、無一物中無尽蔵という理解が根底にある）、忘れ去ることだと言う。卑近な譬えで言えば、それは母親が一枚の着物を愛するわが子に与えても、与えたという心を起こさず、病む子を看病したという思いを持たないことと似ている。さらに極言すれば、高価で施し難いものでもよく施し得ることができれば、何よりも増してそれは最上の施しということができよう。

一方、道元は、布施とは不貪であり、それはむさぼらないこと、世の中にへつらわないことだと説いている。では、むさぼらないとは一体どういう意味か。それは布施という善事慈善の行為結果を振り返って、何か功徳ある結果を期待したり願ったりすることではない。施す人も、施される人も、また施された品物もこの三者はみな無我・無心で無報酬の心でなければ布施とは言わない。

「へつらう」(諂う)とは相手にこびることであり、おべっかを使ったり、お世辞を言ったり、機嫌をとることを意味する言葉である。しかしへつらって差し出された物には執着心があるから、決して有難く思われない。それに対し、喜捨の心で、物惜しみしない心から施された物は、本当に気兼ねなく喜んで受け取られるものである。たとえば昔より持ち主のない遠山に咲いた花を、そのまま如来にたてまつり差し出す行為である。あるいはまた先祖伝来の宝であれ、自分が苦労して積み上げた宝であれ、我が所有する宝を惜しまず、つまりむさぼらずに無償で与えることである。では何故、自分が他人に物を施そうとするのか。そうした場合の動機の原因を探ってみると、要因の一つには、とにかく目の前の相手に差し出さずには居れないという強い衝動が、本人に起きたからに違いない。そうすると、相対する側・相手側に恐れ敬わせ惹き付け魅了する感情を呼び起こす所の何らかの徳があっての故のことかとも考察できる。言い換えれば、それは自らが自覚意識し施して善行を積むという気持ちから起きたものとは違った、その物自体に施されるだけの福徳功徳が備わり蔵されていたからだとも言えよう。ちなみに仏教用語に〈福田《ふくでん》〉思想がある。それは福徳を生み出す田の意味からきたものだが、例えば、仏や僧に敬い仕えるときは多くの福徳が得られるから仏や僧を福田というように、種々の福田が考えられた。それには二福田・三福田・四福田・七福田・八福田などを数えることができる。このうちから三福田と八福田について簡単に説明すれば、次の如きである。

三福田とは、仏・法・僧などの三宝を敬うべきものを敬田《きょうでん》、父母や師など恩に報いなければならないものを恩田《おんでん》、貧者・病者など哀れむべきものを悲田《ひでん》といって、こうした敬田・恩田・悲田の三つを総称して言った言葉である。福田の田とは布施の対象を田になぞらえ、敬田・恩田・悲田などの功徳をすれば福徳を生ずること、それはあたかも田地の穀物を無数に生じるにたとえて説き明かされたものである。そして四天王寺の悲田院・敬田院等はきさにこうした福田思想から発したものである。次に八福田についていえば、井戸、橋梁、路普請、父母への孝、僧・病人供養、厄難の救済、無遮大会つまり人びとに平等に財・法施を行う大会である。ついでに言えば、福田衣《ふくでんえ》という表現もあり、これは袈裟・法衣を着た僧に供養すればこの上もない功徳が生ずるというところから名づけられたものである。

ところで、道元は「四摂法」で次のように語る。「法におきても、物におきても、面面に布施に相応する功徳を本具せり。我物《がもつ》にあらざれども、布施をさへざる道理あり。そのもののかろきをきらはず、その功の実なるべきなり。道を道にまかするとき、得道す」(18)。すなわち、教法にしても、物品にしても、いずれも布施するにふさわしい性質をもともと具えているのだという。その意味からいって、仮にわが物ではなくとも、布施できないという道理はないのである。布施する場合、その物の軽少とか多いとかは問題でなく、根本は相手にとってためになるものかどうかが肝心なのである。つまりそれが本当に役立って有効に生かされればよいのである。それに関連して『正法眼蔵随聞記』(三)の二には、本来の意味の仏・法・僧の三宝に布施する立場とは逆で、僧が在俗の貧者に施した例話が語られており、ここにも道元禅師の仏道観が実践的救済観となって具体的に例示されており、遺憾なく布施の真意が顕著に述べられている興味深い一節である。

すなわち、なくなった栄西禅師が京都の建仁寺においでになった時、一人の貧乏人が来て、「わたくしの家は貧乏で、数日にわたり、ご飯をたくこともできないでおります。それで夫婦と息子二、三人が飢え死にしそうになっております。お慈悲をもってわたくしどもをお救いください」と言って頼んだ。

その時、建仁寺内のどこにも、衣類も食物も、ねうちのある品物もなんにもなかった。考えてみたが、まったくてだてもなかった。ところがちょうどその時、薬師如来の像を造るというので光背の材料に使う打ちのべた銅が少しあった。僧正は、これを持って来て、自分で打ち折り、束ねまるめて、さっきの貧しい客に与え、「これでもって食物と交換して飢えをしのぐがよい」と言われた。そこでその俗人は喜んで帰って行った。

そのあとで、弟子たちはこれを非難して、「この銅は、ほかならぬ仏像の光背でございます。それを俗人に与えられたのは、仏のために使うものを私用する罪になると思いますが、いかがでございましょう」と尋ねた。

僧正が答えて言われた。「まことにその通りである。けれども、仏様のお心を考えてみると、仏様は、からだの肉や手足をさいても衆生に施しなされるであろう。目の前に飢え死にそうになっている人びとには、たとえ、仏像の全体を与えても、仏様のお心にかなうであろう。また、わたし自身はこの罪によって、たとえ地獄におちようとも、ただ生あるものの飢えを救うべきである」(19)と。

仏道に深く至った先輩の心の高きを、今の道を学ぶ者もよく考えて、こういう心を忘れてはならない。

上記に示した如く、貧しい者が建仁寺を訪ね、その時、慈悲をもってとった行為がたとえ寺で大切にしていた仏象を造るための材料であったとしても、決して仏に対する罪を犯したことにはならず、むしろ

「仏意に叶ふ」[20]と栄西は真に考え、かつ即実行した行動を、道元はこれこそ誠の仏道であると絶賛し、弟子たちに「先達の心中のたけ、今の学人も思ふべし、忘るる事なかれ」[21]と説き示している。また本文中で栄西禅師が「仏意を思ふに、身肉手足も分《わか》って衆生に施すべし。現に餓死すべき衆生には、たとひ全躰を以って与ふとも仏意に叶ふべし」[22]（原文）と語る一文、「身肉手足も分って衆生に施す」とは一言解説が必要であろう。この話のルーツは、釈尊の前生譚に記されている。それは飢えた虎の親子のために身を施した話、また鴿《いえばと》を助けるために身の肉をさいて鷹に与えた話等がある。『正法眼蔵随聞記』（二）には『梵網経』が道元によって大きく取り上げられている。実はこの『梵網経』とは大乗菩薩戒の根本聖典として古来より幅広く尊崇される有難い経典である事実は既に周知のことであろう。そこで宗教福祉の心、仏教的福祉の心を仏の慈悲心と実践から捉えていく際、まさに本経こそ福祉の原点となる福祉の心の宝庫そのものだといえよう。たとえば「一切の男子は是《こ》れ我父、一切の女人は是れ我母、我れ生生に是れに従って受生せざること無し。故に六道の衆生は皆是れ我父母なり」は『梵網経』に出典する一文だが、あまりにもよく知られている。この一文に関しても仮に宗教福祉、仏教看護を考える際、無視して論ずる訳にはいかないであろう。『正法眼蔵随聞記』（二）の中で、道元は「人は思い切って命を捨てる」事の仏道・修行も事と場合によったら大切であることを強調している。ここに引挙しておこう。

示《じ》に云《いわ》く、人は思ひ切って命をも捨て、身肉手足をも斬る事は中々せらるるなり。然れば、世間の事を思ひ、名利執心のためにも、是のごとく《かく》思ふなり。[23]（訳：教えて言われた。人は思い切って命をも捨て、身肉手足をも切る事は、威勢がいいからかえってできるものである。してみれば、世間の事を考え、名誉や利益や、自分が思いこんだことのためにも、こうして命を捨てる気になるのである。ただ、何事かあった時に応じ、物に従って、心をととのえることがむずかしいのである。)

ところで、『大般涅槃経』では「布施は、惜しみ心を退け、持戒は行いを正しくし、忍辱は怒りやすい心を治め、精進は怠りの心をなくし、禅定は散りやすい心を静め、智慧は愚かな暗い心を明らかにする」[24]と説き示している。またさらに「布施と持戒とは、城を造る礎のように、修行の基となり」[25]と記す内容から見て、布施には菩提心に燃え、悟りを求める上の実践的修行的意味がある。また、同経では「乞う者を見て与えるのは施しであるが、最上の施しと言えない。心を開いて、自ら進んで他人に施すのが最上の施しである。また、ときどき施すのも最上の施しではない。常に施すのが最上の施しである」[26]と記す文章内容の〈施し〉観を、福祉という現代的言葉の意味に置き替え照合して読み直してみると、施す行為の深い意味がより明確になる。しかも、具体的で対社会的実践の即効的な対応、課題の目標となって、福祉理解の広義的解釈が成り立つことが分かるであろう。

六波羅蜜の教えは、まさに仏道修行者においては実践の道そのものにある。悟りを求める者は、心を清らかにして仏の教えを守り戒を保たなければならないことは言うまでもない。

元に戻って、道元は布施の功徳が巡り巡って実を結ぶことを、次のように詳細に説き明かしている。

仏教の教えから言えば、今その人が持つ宝は前生に徳を積んだ福分によって今生にたくわえられてきたものである。たとえば、先祖の陰徳を積み重ねたことが、今の子孫の身の上に影響を及ぼしているということも実際有り得る。そうだと知れば、今持ち合わせている自分の財は、一方で自分の努力で勝ち得たものであるともいえるが、他方、またそうでなく、たまたま有縁の力によって環境や状況が調って自分の所に来たともいえる。そう理解すれば、自ずとそこから有形無形に対し恩、感謝の感情が生じよう。そして財を自分だけのものとせず、いわゆる財をむさぼらず、衆生に施す気持ちも自然に心の内から起きてこよう。そこでよく考えてみると、法を施すについても、その法みずからに、物質そのものに布施することのできる功徳を、めいめいにもっていることに気付くはずだ。人に施したから、その物自体がいやだと言うことはない。物そのものに施すだけの功徳があり、施そうと思えば、ひとりでにわが手を離れ他の手に瞬時一瞬にして渡る訳で、施す場合、AからBへ移動するのは当然である。人も無常であれば物も無常である。ただ物自体が無常を感じないだけの話しである。法施、財そのものには布施・施されたという自覚はない。施さないというのは、その人に執着があるが故に施されないのであり、原因は人の心にある。しかし、財貨もまたそれ自身に打ちまかされる時、その財貨は必ず正しい意味の布施となる。自分に施すべきは自分にも施されてあり、他に施すべきものはまた自ずと交渉したり打診、妥協しなくても無条件に施され、一瞬時に渡って行くものである。そのような布施の因縁による力は、遠く天界にも通じ、また証を得た聖者や古仏祖師にも通ずると言えよう。

言い換えれば、その時、ある者は布施の施し手となり、またある者は受け手となって、互いに独立自尊の関係にあって縁を結ぶからである。布施者と被布施者はお互いに立場を換えつつも、同時同環して絶えることとないのが、この現実の相《すがた》である。そこには目に見えずとも、以心伝心によって心が通じ合うものがあるからである。してみれば、一句一偈の布施をも布施することが肝心であろう。そうすれば天は巡り巡ってこの世あの世の良き報いの種子ともなる、と道元は説き明かすのである。「法もたからなるべし、財も法なるべし、願樂によるべきなり」(27)（仏法（真理）も宝であり、財も仏法であるという自覚が生ずるのは、布施の念願と行為の法悦によるのである）。

さて、大乗仏典の『金剛般若経』を見ると、布施に関し、菩薩の道にはいった者が、どのように生活し、どのように実践し、どのように心を保つべきかを、長老スブーティ（須菩提《しゅぼだい》）が世尊に問うた事に対し、以下のように説き示した。そこには「菩薩は事物に執着しながら布施をすべきではない。何かに執着しながら布施をすべきではない。――つまり、色形（色）に執着しながら布施をしてはならないし、音声やかおりや味や触れられるものや、心の対象（法）に執着して布施をするべきでない」(28)と世尊は答えている。さらに続けて次のようにも答える。「偉大な菩薩は、相の観念（補記：この意味はだれが与え、だれに与え、何を与えるかという三つの相を考えることを指す）にさえもとらわれないで、布施をしなければならないからである。それはなぜか。スブーティよ、菩薩が執着することなく布施を行うならば、その功徳の集積した量は、容易にはかりえないものとなるからである」(29)。

ここで紀元後一～二世紀頃に成立したと思われる大乗経典『維摩経《ゆいまぎょう》』の中の「仏国品第一」から拾い出して考察してみたい。道元が解釈する「四摂法」についていては、本書の「仏国品第一」「菩薩行品第十一」にも述べられている所である。「菩薩行品第十一」には「四摂法を常に念じそれにしたがって行動し、正法を護持して身命を惜しまず、もろもろの善根を植えて渡厭せず」(30)との記述が拝見できる。まず本書では、衆生という国土こそ、実は菩薩の仏国土だという考えが説かれている。菩薩は衆生を成熟させるために、希望したとおりに仏国土をつくる。仏国土は衆生をぬきにして空中にはつくられるはずもなく、飾れるはずもない訳である。そして国土清浄を欲する菩薩は、修行として自己の心を治め浄めることに努めることが説かれている。

「布施の国土が菩薩の仏国土である。そこにはあらゆる財物を施与する衆生が生まれる。戒律という国土が菩薩の仏国土である。そこにはあらゆる善への意欲をもって十善業道をまもっている衆生が生まれる。忍耐という国土が菩薩の仏国土である。……堪忍と柔和と寂静とのすぐれた彼岸に到達した衆生が生まれる。精進努力が仏国土である。そこにはあらゆる善を行おうと努力する衆生が生まれる。禅定が仏国土である。そこには正しく念じ、正しく知ることによって、心の平静を得た衆生が生まれる。智慧という国土が仏国土である。」(31)

ここでは「六波羅蜜」の菩薩の修行がそれぞれに数々の功徳となってが徳行の結果として説き明かされている。さらに慈・悲・喜・捨の四つのいわゆる「四無量心」に関し説かれ、これらも考えようによっては福祉の心の原点に数えられよう。これも仏国土に当たるのである。

① 慈悲量心：多くの人びとに深い友愛の心を無量に起こすこと。
② 非無量心：多くの人びとの苦しみに同感共苦する心を無量に起こすこと。
③ 喜無量心：多くの人びとの幸福を見て喜ぶ心を無量に起こすこと。
④ 捨無量心：あらゆる執着を捨てる心を無量に起こすこと。

この四無量心のそれぞれから、いつくしみ（慈）と同情（悲）と喜び（喜）と不遍の心（捨）の持ち主である衆生が生まれると説かれている。またさらには、人びとを真理に近づかせる四種のことがらである四摂事「(布施）と、やわらかな語りかけ（愛語）と、人を利益する行為（利行）と、人びとと苦楽を共にすること（同事）の四種を指す」が穢土を浄め、仏国土清浄化につながる。

結　び

以上の記述内容から判断しても、布施とは如何なる人に対しても、また如何なる理由とか条件にもかかわらず、純粋に無我・無心・無欲な心が常に求められることが理解できる。

翻って、禅門では、「杓底の残水おしむべし」という言葉がある。その意味は水を粗末にすることを戒めた言葉であり、高祖様が法孫のために残しておいた杓底の水を、今自分が生命を繫ぐために、否、仏の正命を繫ぐために使うという、たとえ僅かな一滴の水であっても大切に生かし切ることを教えてくれている。そのことは一銭一草も少なきにあらず、また万燈の布施必ずしも多きにあらずという意味である。たとえ経文の一句一偈の法を施すことも、あるいは真実の心のこもった一挙手一投足、無言の行も迷いを転ずる功徳があり、物の多少軽重には関係しない。つまり問題はそこに慈悲の真心がこもっているかどうかであろう。むしろ価値があるのは布施をする人間の心にこそすべての価値があると道元は考えている。

考えてみれば、布施の行為営みは何時、何処、如何なる状況に置かれても、自分が立つ所は常に神聖な場所であることだと言えよう。ところで心が物によって動かされたり（心転物のときあり）、物が心によって動かされたり（物転心の布施あり）するのが実は布施の働きである。それは意識的・目的をもって達成されるものでは決してない。それは人知の測り知れないことであり、時には人や天をも動かす働きがある。そこには転じ難き衆生の心をさえ容易に動かす功徳があり、それは遂には成仏得道解脱の要因ともなり得るのである。もちろん、六波羅蜜にはその一つひとつがみな成仏道の解脱の働きが具わってはいるが、その最初に布施波羅密が掲げられてあるのは、転じ難き衆生の心を簡単に転じさせるにはまず何よりもこの布施が最勝だということにある。もとより愛語、利行、同事も同じ功徳がある。しかし見方によっては優しい言葉を掛け合うことも布施の一部だと言えよう。利行のありとあらゆる行為も布施のあり方であり、同事も布施と同義だと捉えられる。いずれも身・口・意の三業に直接間接に関わってくる布施であり、愛語であり、利行であり同事である。

注

(1) 中村宗一訳『正法眼蔵』巻一、誠信書房、一九八七年、二二一～二二三頁。
(2) 同右、三九頁。
(3) 同右、六七頁。
(4) 寺田透・水野弥穂子校注『道元』下(日本思想大系)、岩波書店、三七三頁。
(5) 水野弥穂子訳『正法眼蔵随聞記』筑摩書房、一九七二年、九四頁。
(6) 懐奘編、和辻哲郎校訂『正法眼蔵随聞記』(岩波文庫)、岩波書店、二〇〇〇年、四一頁。
(7) 同右、六四頁。
(8) 同右、四七頁。
(9) 水野弥穂子訳『正法眼蔵随聞記』一一四頁。
(10) 同右、二二四頁。
(11) 中村宗一訳『正法眼蔵』巻二、誠信書房、一九八五年、九五頁。
(12) 『正法眼蔵随聞記』二〇二～二〇三頁参照。
(13) 『新約聖書』(一九五四年改訳)、日本聖書協会、一九五五年、二四九～二五〇頁。

(14)　衛藤即応校註『正法眼蔵』中巻、岩波書店、一九六五年、一八三頁。
(15)　同右。
(16)　『正法眼蔵随聞記』一六三頁。
(17)　『和英対照仏教聖典』仏教伝道協会、一九八〇年、三三五〜三三七頁。
(18)　衛藤即応校註『正法眼蔵』一八三頁。
(19)　『正法眼蔵随聞記』一〇一〜一〇二頁。
(20)　同右、一〇二頁。
(21)　同右。
(22)　同右。
(23)　同右、七六頁。
(24)　『和英対照仏教聖典』三三五頁。
(25)　同右。
(26)　同右。
(27)　衛藤即応校註『正法眼蔵』一八四頁。
(28)　長尾雅人編『大乗仏典』（世界の名著2）、中央公論社、一九六八年、七〇頁。
(29)　同右、七〇〜七一頁。
(30)　橋本芳契『維摩経講話──浄土の経への解説──』山喜房佛書林、一九九二年、三二三頁。
(31)　『大乗仏典』九二〜九三頁。

終章

親鸞と私――講演録――

早朝のお勤め

私が親鸞という日本の偉大なる鎌倉期念仏者に近づくそもそもの契機となったのは、一体いつの頃だっただろうか。一昨年私は還暦を迎えました。奇しくも親鸞の命日の十一月二十八日が私の誕生日に当たります。

そこで今では遙か遠い昔となってしまった過去の記憶の糸をたぐっていくと、それは幼少時分の物心が付いたあたりまで辿り着きます。普通ならばとっくに忘れてしまっている過去の思い出の一こまです。

それは雪の降る寒い日のことでした。三畳ほどの仏間にある御仏壇の前で祖母を最前列に、父母も姉も列を作って正座して並びました。ふと後ろを振り返ると真後ろに妹がおかっぱ髪姿の円な瞳で小さな体をいっそうちぢめて座っています。一同がロウソクの御燈明に照らされ、阿弥陀如来の絵像（掛軸）であったか「南無阿弥陀仏」と書かれた名号本尊か、「帰命尽十方無碍光如来」の十字名号であったかはっきり覚えていませんが、とにかく仏壇のご本尊に向かって一生懸命何も分からないまま早朝のお勤めをしていました。雪も降らない近年の温暖化現象時代と違って、五十年余りも前のその頃の日本海の冬の季節は強風も吹き荒れる中、雪が幾日も降り続き膝から時には腰までも深く積もることもありました。そうした寒風吹き荒れる厳冬の凍てつくような、手の感覚がなくなる寒さの中であっても、一日も欠かすことなく、極めて厳粛な一つの日課行事として習慣的、宗教信仰儀式が当然のこととして我が家では行われていました。その時の情景だけは、不思議と鮮明に目の奥に焼き付いたまま離れません。もともと私は阿弥陀様に対する宗教心が強く持ち合わせてあったのかもしれません。

やんちゃ坊主、いたずらっ子、悪童でもあった幼い頃の私でしたが、それでも朝食前と時に夕飯前のお勤めにはどこか神妙な童顔で、姿勢を整え身を正し、正座し、膝の上に小さな両手をそろえ、じっとそのお勤めが終わるまで、身を不動にその勤行を見守りました。私が五歳の時に祖母新保カウが亡くなってからは、そうしたお勤めを済ましてから食事をとるということもなくなりました。そのとき唱えていた御経が「正信偈」の経文だということが、歳が行って随分後になってから分かりました。恐らく多情多感な高校時代に、仏間の中央にある経机の下に置かれた黒漆塗りの「御文箱」の中にあった幾冊かの漢文の本を幾度か目に留め、手に取って見開き、その文章の内容を知ろうとし始めた大学一～二年の時分だったかと思います。

親鸞聖人の映画をテレビで見て

ちょうど、その頃、親鸞が出家の一大決意をし、知人・縁者に見送られ、何度も振り返りながら比叡山の山頂に向かって登っていく様子を、映画になったフィルムで見ました。当時テレビが普及しだした頃で、あの白黒の映像を通して田舎で見た時の何とも言えぬ心に訴えかけてきた強烈な印象を覚えています。たしか紹介状か何かを書き付けた巻物を、小さな手にしっかりと握り締め、親類縁者に見送られながら途中から独りして、別れをふりきって小走りで山へ山へと向かって進んでいく映像で、これまでとは違った何か強い感動を呼び起こされました。そこには、九歳になったばかりの幼き親鸞が一大決心をして宗教の世界へ、仏門の世界へ身を投じ、出家する意志の強さ、そのいさぎよさが、幼いだけに生き生きとした身のこなしで演出されていました。とにかくたいへん感動した記憶が今でもありありと鮮明に蘇ってきます。またそうした仏の道に人生をかける生き方、選択に文句なしに共感するものが私の心の中にもあったからだと思います。

恐らく覚如の『御伝鈔』『祖師聖人御一代記』や談義本『通俗親鸞上人御一代記』を資料参考にして創作演出された昭和初期頃の映画ドラマだったかと想像します。幾多の文学的装飾が加えられた節談説教本から読みますと、不運にも親鸞弱年の砌《みぎ》り四歳に父と死別し、続いて八歳の年に母とも死別、そうした人生の無常を感じた上での親類縁者に勧められての出家であると著されてあります。すなわち子ども心の九歳の時の春、今でいえば小学生三〜四年生ですね。伯父範綱に請うて仏門に入ります。そして慈円和尚の御前で「流転三界中《るてんさんかいちう》　恩愛不能断《おんあいふのうだん》　棄恩入無為《きおんにふむい》　真実報恩謝《しんじつほうおんしゃ》」を唱えて、得度の儀式を行ってから、幾多の難行苦行を経て成長していく、そうした親鸞の人間像を描いたものであったと記憶しています。

比叡山一日回峰行の体験実修

ところで、私ごとで恐縮でございますが、ここで比叡山東塔の親鸞聖人御修行旧跡である無動寺の大乗院の坊に一泊した思い出について触れておきたいと思います。私は「宗教学」という一般教育科目を、平成元年の姫路獨協大学就任時より教えていました。だがしかし、自分自身において心の底で、何かひとつ物足りないものを常々感じていました。気付いた点は、それは実修体験、実践がまったくなく、ただ既存既製の知識概念・観念のみで、つまり借りもので学生に知った風に語り掛けていたことにありました。正直いって、内心忸怩《じくじ》たる思いがありました。そこで考えを一新して千日回峰行のコースを要所のみ回る、一日回峰行の体験実修に参加することにしました。メンバーは三〇人限定で、それも信者さんたちだけというものでしたが、そこは人の紹介を得て運よく特別に許可をもらうことができました。主催者側は比叡山無動寺谷の「明王堂」であり、その先達指導者は地球一周の距離にあたる一千日回峰満行を果たした光《みつ》永覚道《ながかくどう》大阿闍梨でした。それは平成三年五月十一日、ちょうど今頃の時期で、まだ私が四二歳という若い時でした。そう、もう二〇年も前になります。

親鸞は幼き身にして都の青蓮院《しょうれんいん》の禅房を後にしました。閑寂な大自然の人里離れた山の中、ただ聞こえてくるは野鳥の声。そんな淋しい叡山東塔の無動寺の大乗院に一泊した体験は、親鸞と私を身近なものとして結び付け、不思議な縁みたいなものを実感し感動を覚えた次第でした。一瞬親鸞が私に乗り移ったのか、緊張感ならぬ安堵感を身心共に満たされ、幼い親鸞像を想像しながら眠りに就いた体験があります。その後、親鸞は妙覚坊に移られ、また釈迦堂にお籠りされたことを思いながら、新緑若葉うっそうと生い茂る比叡の山々を駆け回りました。

倉田百三『出家とその弟子』を読む

大学生となった一年目の夏、倉田百三の『出家とその弟子』を田舎の書店でふと目に止め、前に知っていて関心をもっていたので買って一気に読み通しました。その時、これまでにない親鸞に対する深い感動と、その劇的な念仏信仰に懸ける情熱への感動を覚えたのを記憶しています。それは蚊が飛び交う二階の自室にとじこもって、親鸞の本願念仏信仰への熱い熱い思い入れ、情熱に吸い込まれるように惹き付けられ、完全に魅了されとりこになった自分、そして読み終えた満足感というか充実感は数週間続きました。初めて故郷を離れて独り淋しく都会で自炊生活し、再び生まれ故郷に戻った、何と表現してよいか分からない、そうした感覚情緒が交錯する中での言い得ぬ安堵感が襲ってきました。遠い日のある夏の思い出が鮮かに脳裏に浮かんできます。

先祖のこと

少し時代を溯ると、私の曽祖父新保宗次郎（元治元～大正十三年）は、加賀（旧・石川県石川郡鶴来町）の一の宮から明治初期、鉱山業が賑わい盛んだった頃、単身一八歳の若さで故郷の知人の誘いで佐渡に渡って鉱山町相川に住み着きました。総じて日本海側に位置する北陸の新潟・富山・石川・福井の四県は昔から、共通して浄土系念仏や浄土真宗の信仰が盛んであり熱心な土地柄です。私は物心がつく頃、母が方丈《ほうじょう》さん、御院《ごえん》さん、御門徒《ごもんと》という言葉を使っていたのを懐しく思い出します。

それはさてと、たとえば名前が浮かぶのは、現代になって新潟県出身では真宗大谷派の学僧曽我量深、金子大栄、同じく真宗大谷派の仏教学者宮本正尊（日本印度学仏教学会の創設者）、さらには浄土真宗本願寺派の学僧島地大等などであります。

また石川県では日本を代表する世界の思想家・哲学者の西田幾多郎博士と世界的禅仏教学者鈴木大拙博士等は禅学で知られている。大拙氏においては部分訳ではありましたが、親鸞の『教行信証』のすばらしい英語の名訳もされ、また真宗に関する数多くの著書・論文も書かれています。さらには大谷大学教授の職歴から見てもまさに親鸞の他力念仏思想を深めたばかりか、日本の仏教思想、文化を海外に英文をもって広めた偉大なる世界的仏教学者でもあります。

恩師・数江教一、古田紹欽先生の思い出

ここで財団法人・松ヶ岡文庫について私の思い出の一端をお話ししたいと思います。今から三〇年前にもなります。鈴木大拙博士が晩年に建て住まわれた松ヶ岡文庫に、私はまる三年間手弁当をたずさえて通いました。隔週一回で火曜日で、嘱託研究員という肩書でした。火曜日は文庫の閲覧が、それも事前に文庫長の古田紹欽先生から許可をもらっての入館でした。私が通い出した頃、たしか国学院と駒沢大学を卒業された研究者が貴重な文献資料を書き写し取っていました。貴重な蔵書を汚すという理由でボールペン使用は不可で、私は彼らを監視する役目も負わされました。皆私より少し年配者で、手が空くと親しく話し合ったりし、またトロント大学から仏教学者のロバート・E・カーター教授が訪ねて来た折りには私の下手な英語で通訳をしたこともありました。既にその頃には大拙博士はご存命ではありませんでした。あの松ヶ岡文庫に行くことになった訳は、今は故人となられましたが衣鉢を継がれた古田先生のお呼びでした。

先生は私の指導教授数江教一先生が国内留学となり、そのための代わりに、私が中央大学大学院博士課

程一年次の時、一年間「日本思想史」講座科目の出講に北鎌倉から来られ、『正法眼蔵』と『日本霊異記』をテキストにして自ら訳して解説講義をしてくださいました。その間の事情により、私が三十代前半の教師駆け出しの時、処女出版『日本思想史論』を古田先生の口利きで大東出版社より公刊することになりました。その「序」に恩師・数江先生はこのように記しております。

「……この書の著者、新保哲君はトマス・ヘブン君といれちがいに、小生の研究室へ大学院の学生として熱心に通ってくるようになった。同君は獨協大学の英語学科を卒業したのであるが、もともと日本中世の仏教思想史に興味を抱いていたので、中央大学の哲学科で道元の『正法眼蔵』を長年にわたって院生諸君と一緒に読んでいた小生のことを知って受験したのだという。それゆえ大学院の修士課程では『正法眼蔵』を数人の同輩と一緒に読み、博士課程では親鸞の『教行信証』と『日本霊異記』を小生と差向いで読みあげた。そのころの研究がこの著の土台となったわけである。数年前、日本大学で仏教学を講じておられる古田紹欽先生に特にお願いして個人的な指導をして頂くことにした。……その後孜孜としてつづけられた研鑽は、仏教思想史研究の領域をさらにひろめ、一遍や蓮如の研究にまですすんだ」。

財団法人・松ヶ岡文庫嘱託研究員時代

そんな経緯から古田先生からも研究指導を受けるようになり、時に先生が理事をされていた出光美術館や鎌倉のご自宅に訪ねて行くこともしばしばでした。修士論文は「親鸞における信心の在り方」でした。そして博士課程修了と同時に、肩書を付け研究生活を続けるという理由で、とにかく文庫に通いつめるように強く言い渡されました。もちろん、交通費も給料もアルバイト代すらも何も出ません。ただ最初の一回だけ五千円をくれただけ。友人を誘って寿司を御馳走したら一日で消えてしまいました。後は無料奉仕でまる三年余り、東武線竹の塚からその道のりの所要時間片道三時間もかかって通いました。今思うと、途中で止めず、まあよく飽きずに遠路を通ったものだと我ながら感心します。そこには鈴木大拙博士が晩年生活された文庫があって、通うことに何か生き甲斐を感じていたのかもしれません。若さ故でしょうか。そこには打算などありませんでした。文庫の隣の平屋には柳沢フクさんが家族で住んでおられ、文庫の管理世話を一人して黙々と行っていました。私が玄関を開け中に入って行くと、必ず文庫に居て顔を合わせ、茶を入れ話し相手もしてくれました。そばには大拙博士が愛用された小さな細長い座卓が当時のままの様子で保存されていました。

ともあれ、お陰で大拙博士が全財産を注ぎ込み収集された、中国の禅籍仏教文献のおびただしい書籍の数々、また欧米出版の横文字の書はもとより日本で出版された研究書から仏教関係のもの、そして世界の諸宗教・民俗・芸術・美術・文学・教育・哲学・倫理等に関する総書籍文献を、あのコンクリートでできた建物、そこにはぎっしり詰まった蔵書が山と書棚に並べられてあり、その中に分け入って時間を忘れて自由に読み漁る恩恵に浴すことができました。

初めて知った鈴木大拙博士のこと

思えば、今を去る四十四年前、私が高校二年生の時で、ちょうど、大拙博士が昭和四十一年七月十二日に逝去される半年前の冬の寒い頃でした。私は郷里佐渡市相川大工町の自宅で炬燵にあたって何げなく読売新聞を開き読んでいました。するとあの長く伸びた眉、世俗を超脱した孤高仙人のような顔、それでいて究極に達した者にみる犯し難い不動なる威厳に満ちあふれた風格風貌のハガキ大に写った写真がいきなり目に入り、私は完全に虜となりました。一瞬、私は将来こんな人物、こんな風な東洋哲学者、仏教学者になってみたいと心ひそかに思ったのでした。

大拙と浄土真宗に関する著書・論文

そこで大拙における浄土観、真宗観との関係を拾い出してみたいと思います。大拙は二七歳の時、アメリカに渡り、イリノイ州ラサールのオープン・コート出版にあってポール・ケーラスの著『阿弥陀仏』を邦訳し、九年後にこれを我が国において刊行しました。したがいまして、大拙の浄土教への理解はこの邦訳によって早く培われたことが分かります。また、学習院大学の教授になった四〇歳の時、大谷派本願寺から刊行された『親鸞聖人の生涯』の英訳は大拙の訳といわれており、またアメリカでは浄土真宗の布教伝道が移民の間で盛んに行われていた頃で、そうした東本願寺との接触をもって『真宗教義』を英訳されています。その三年前の三七歳に初めて英文の著『大乗仏教概説』をロンドンで刊行されました。彼は世界のなかにあって仏教者として何を説くべきかを痛感し、そこから生まれた一著だと思われます。こうしたことが契機となって浄土真宗、とくに親鸞の思想に多大の関心を寄せるばかりか、日々に真宗理解を深めていきました。四一歳の時、大拙は浄土教に関する最初の論文「自力と他力」を書くとともに、『本願寺聖人親鸞伝絵』を佐々木月樵と共訳刊行しておられます。

それ以来、昭和三三年、八八歳に至るまでのおよそ五〇年の間に、大拙の真宗に関する英語の著作を発表年代順に挙げると次のようになります。

『現代他力神秘の教え』（一九二四年）、『禅と念仏の心理学的基礎』（一九三七年）、『真宗仏教』（一九三九年）、『浄土系思想論』（一九四二年）、『宗教経験の事実』（一九四三年）、『日本的霊性』（一九四四年）、『日本的霊性的自覚』（一九四六年）、『霊性的日本の建設』（同年）、『妙好人』（一九四九年）、『真宗』（一九五〇年）、『神秘主義――キリスト教徒と仏教徒――』（一九五七年）、『すばらしき善人』（一九六四年）、『無量光』（一九七一年）、『真宗とは何か』（一九七二年）、『「教行信証」序論』（一九七三年、なお、本書は『教行信証』への序文として書かれた未完の遺稿である）。

このほか、大拙の禅から浄土教へのアプローチの過程を知るのに大事な論文、それも真宗に関する前段階としてのものとして、「浄土教仏教の発展」（一九二五年）「禅と浄土――仏教経験の二つの形態――」（一九二七年）「公案経験」（一九三三年）などがあります。

さて、真宗大谷大学は大正十一年四月、大学令により大谷大学となり、ちょうど、その前年の同十年の秋に招聘され、教授の地位につくことにより浄土真宗、つまり親鸞思想と大拙との結び付きは決定的となります。大拙は大学に赴任すると、いち早くコロンビア大学ベアトリス夫人の協力を得て東方仏教徒協会を学内に設立し、英文雑誌『イースタン・ブディスト』を創刊します。そのスタッフは、当時真宗学で名を知られた佐々木月樵、山辺習学、赤沼智善の三人それにベアトリス、鈴木大拙の錚錚たる人たちでした。そした大谷大学の伝統的な真宗教学の教授らの交流影響も得ながら、大拙の卓抜した英語の語学力と識見、海外に向かって広く開かれた眼、さらに仏教学宗教学の上での新鮮さが加わり、五四歳の時、「現代他力神秘の教え」の論文は真宗信仰に深く触れるものが窺えます。そして行き着いた終極が、大拙の晩年における妙好人の信仰でありましたが、この辺からつながるように思えます。

大拙の捉えた浄土観、日本的霊性

妙好人の信仰について、大拙は真宗経験ということを言っています。真宗の学者は宗学にあまりにもとらえられ、妙好人がいだいたような宗教経験の事実にあまり目がいきません。大拙は九二歳の時、昭和三七年十一月になされた講演「わが真宗観」において、「念仏ということも、南無阿弥陀仏とただ称えることではなく、南無阿弥陀仏になること」だと言っています。そして念仏が無碍《むげ》の一道《いちどう》であることは、この南無阿弥陀仏になって初めて言えることだと言います。そして南無は機《き》、阿弥陀は法《ほう》、機法一体の南無阿弥陀仏だとかいうのは、後からつけ加えて言っていることであり、南無阿弥陀仏というのは「用《はたらき》そのものなんです」と語っています。それに関して、大拙が一遍上人の「我体を捨て南無阿弥陀仏と独一」（『一遍上人語録』）や、一遍の悟ったときの歌として伝えられている「称ふれば仏もわれもなかりけり、南無阿弥陀仏、南無阿弥陀仏」を引いて、「聞名は称名、称名は聞名」だと言っていることから推測して、一遍の思想に心を惹かれたように窺えます。

また大拙は才市の「太りきにわ、じりきも、太りきも、ありわせん、いちめん太りき、なむあみだぶつ」（『わが浄土観』）の歌を引いて、「一面の他力」と言っています。そして一面というのは絶対で、「なむあみだぶつ、なむあみだぶつ」というこの「なむあみだぶつ」に千金の重みがある（「わが真宗観」）と言っています。要は、宗教経験の証しの上に確固たるものとして理解しようとした意図が見られます。

さらに大拙は語ります。浄土は往相と還相との円環の上にあって、「仏教の極楽はからっぽなんだ。極楽にぐずぐずしている人間は、みな駄目人間なんだ。だから極楽は無人で誰も居ない。極楽というところは、ちょっと行って、すぐ帰るところなんだ。極楽に長生きしている人間ほど、役に立たん人間はなかろうと思う」(「わが真宗観」)と。つまり、穢土《えど》のこの世から浄土へ行き放しであってはならないというのです。言い換えると、大拙は浄土論を説く際に、西方浄土とか唯心浄土とかはいわない。浄土は弥陀の大悲と大智とを国土的に象徴したものであり、その大悲と大智とは絶えずこの世の衆生に向って働きかけているのであり、「浄土の意義はこれより外にない」(同)と言っています。その大悲は現実の事実の上に現れるものでなければならない。大智と大悲とは、智は悲から、悲は智から出づるもので、元来一つのものと見られます。その大悲は現実の事実の上に現れるものでなければなりません。たとえば、大悲は政治、経済、社会の人間の差別の生活の上に現れるものでなければならないと言います。弥陀の四十八願は一切の衆生をして悉く正覚を成ぜしめようという大悲の願にほかなりません。したがって、弥陀の浄土は人間の一人一人その大悲心に浴して、地上にその浄土を荘厳しなくてはならないのである。したがって、浄土はこの世の此土《しど》を離れては考えられず、この世も浄土を離れては考えられないのだと大拙は言っております。

たしかに親鸞の教えは往生した極楽浄土から、またこの世へ帰ってきます。つまり、仏教は自利利他《じりりた》の教えですから、この世に苦しむ人、救われない人がいるかぎりは、また極楽浄土からこの世に帰ってこなければならないわけです。それを還相廻向と言います。阿弥陀様は、念仏を唱えれば極楽浄土に往生させてくれます。これは往相廻向と言って、往きの廻向です。ところが、自分一人が極楽浄土で安閑としてはいけないのです。もう一度、帰ってくる、それが還相廻向です。親鸞解釈はその所を強調しております。近代の浄土真宗には往相廻向だけ強調する時期もありましたが、根本はこの世にあっての利他行に中心がすえられなければおかしいと思います。

その中で、彼は仏教の根本義は智慧面と慈悲面、すなわち大智と大悲を共に実践していくことにあるが、〈知性〉はその根本、つまりその不離一体の密接な関係——そこには大拙の思想を貫く即非《そくひ》の論理がある——を忘れがちだと説いています。そして〈般若の知慧〉と〈大悲の願力〉は共存して離せない存在で、〈大智即大悲〉・〈大悲即大智〉の両者一体の働きをするのが霊性だと捉えました。

また大拙は、日本的霊性を語る展開において、大変興味を引く問題指摘をしています。それは真宗的または浄土系的日本霊性と禅的日本霊性との働きに、相異なった方向を認め得ると述べていることです。つまり、前者はいつも個己の方向に超個の人を見、後者は超個の方向に個己を見る視点の違いを言っています。大拙流に言えば、臨済は「一無位《いちむい》の真人《しんじん》」と言います。そこには知性的な響きがきこえます。しかし真宗では「親鸞一人」または「われ一人」と言います。そこには個である己れの姿が如実に現れています。結局、大拙は「禅は知性的方面に転進して行き、真宗は情性的方向にその経験を傾かしめる」（『日本的霊性』）と区別して理解します。「日本的霊性」という言葉を、大拙は戦争中に初めて使いました。その理由の一つには、「精神」という言葉が国家主義に利用され汚されたのを嫌って「霊性」という言葉を使ったのです。と同時に近代日本人の精神に宗教性が欠けている点を憂え、宗教性を回復しなければ日本人の精神はますます浅薄化すると思ったからです。彼は、日本的霊性の発露を法然や親鸞そしてその流れを汲む妙好人などの浄土系念仏者に、もう一方は栄西や道元や鈴木正三などの禅者に見ています。

妙好人について

大拙の著『日本的霊性』の第四編には「妙好人」があります。その主題をなす浅原才市《あさはらさいち》と共に赤尾《あかお》道宗《どうしゅう》も現れております。そこで氏は、浅原才市の宗教経験が日本人の宗教的自覚または宗教観の最高位に位置すべきものとして、的確な説明を加えて世に紹介しました。その功徳は実に大きいものでした。

以上、そうした大拙博士の仏教理解、浄土思想に導びかれながら、私は一九九七～一九九八年の一年間、姫路獨協大学から海外学術研修でロンドン大学SOAS《ソアス》（東洋アフリカ学院）に留学しました。もちろんその目的は鈴木大拙博士の禅仏教、浄土教を英国の研究者はどう理解しているか。また、イギリスの日本思想・日本文化を中心にどの程度にまで学問的に研究がなされているか、そうした現状の研究動向をつぶさに調査するためでした。

母を介して知った高僧暁烏敏の歌

大拙に続いて、次に同じ石川県で石川郡北安田町出身の真宗大谷派明達寺の長男として誕生した暁烏敏氏を取り上げて話してみましょう。私は少年の頃から既にこの人の名を知っていました。母は季節ごとによく床の間に掛軸を掛けたりしており。そして難しそうな崩し書きの字をすらすら読んで私に解説して聞かしてくれ、その掛軸の一句を特別に気に入っていて、しばし眺め感心していた様子を思い起こします。たしか母が、この暁烏さんの書体といい短歌（宗教詩）といい、一番気にいっていると言っていたのを不思議とよく覚えています。

なお、正確に説明すると。この歌は若くして大正二年に亡くなられた妻房子が詠ったものです。それを書いたのは暁烏さんであり、その意味で暁烏敏の書自体には間違いはありません。今では東京にいてこの書を毎年掛けては私は眺めて楽しんでいます。恐らく明治四〇年代の作で、大正三～四年頃、暁烏が妻の死を悼み、自らを慰めるために筆を執ったもので、こうした種類は何本か残っています。三五歳頃の作と考えられます。妻房子の法名は浄《じょう》華《か》院《いん》釋《しゃく》尼《に》染《せん》香《こう》であり、そこから暁烏は染香尼遺詠と書き入れました。また、敏が短冊に自筆した短歌一首が家蔵として遺され、今、私が大切に保管しています。それも一緒に併せてここに載せてみましょう。

み力尓　罪の影追ふ身となりぬ　津み尓おはる、　あ佐ましきみの
染香尼遺詠　敏

あなたふ登《と》　尊き親に　救われて　古《こ》のよ楽しく　阿のよ明るし　敏

暁烏敏さんは、実は『歎異抄』を現代語訳した清沢満之《きよざわまんし》の弟子であり、戦前・戦中・戦後を通して宗教界のみならず広く国民教育においても大変影響力のある偉いお坊さんでした。最近、彼の『歎異抄講話』『正信偈の講話』の復刻版が出ましたが、今日まで続く『歎異抄』ブームを呼び起こした暁烏さんにその功績を帰すことができます。とくに悪人ほど救われるとする悪人正機を強く唱えた人でした。その解釈において善きにつけ悪しきにつけいろいろと論議されますが、真宗の教えを全国に広げ、国民の期待と信望を集めて真宗門徒が増えたのもこの人の幅広い社会的布教活動があったからこそです。

さて、この石川県加賀白山の地は、白山権現が祀られ、そこを中心に天台浄土教信仰が盛んな所です。白山系神社には阿弥陀如来像を今日なお遺存していることからも窺えます。曽祖父、祖父（宗吉）とつづけて真宗の信仰を熱心に行った遠因には、そうした石川県のこの地の宗教的風土の土地柄、自然環境の中から生まれ受け継いできたものと私は思います。恐らく暁烏敏さんの軸物が佐渡の私の家に保存されてあるのは、コレクターだった祖父宗吉さんが国元の郷里に帰ったとき何かの縁で手にしたものと思います。

宗吉おじいさんは佐渡相川町にある広永寺《こうえいじ》（開基慶長八年〈一六〇三〉、真宗大谷派）の壇家総代を長年務めたり、また石川県能登の小木から広永寺の跡を継がせるため住職を連れて来たのも私の二代目祖父でした。

我が身を振り返ると、生まれ故郷佐渡相川町から県立相川高校を卒業すると遊学の旅に都会に出て以来、知らないうちに幾歳月があっという間に経ち、気付いたらもう還暦を迎えていました。その間、大学では数多くの師や先生から学恩を十分に授かり得ました。現在の自分を振り返ると、時に寝食を忘れ勉学し、自ら進んで精進努力に日夜励みました。また若き時に学んだ恩恵は実に測りしれないものがあり、良き師にも恵まれたとつくづく有難く感謝しております。

佐渡と日本海、親鸞の思想・思索の深化

次に佐渡と日本海そして親鸞思想とを関連付けてお話ししたいと思います。佐渡と親鸞聖人とを結び付けて論ずることは、明らかに史実ではありません。なぜなら流罪配所の地は、佐渡ではないからです。したがって地理的には近いが、別個な場所です。同じ鎌倉時代の日蓮について言えば、日蓮が幕府から弾圧を受けて、配所の刑で遠島流罪されたのは佐渡でした。刑の重軽によりましょうが、常識的に考えれば、日蓮と同様、恐らく当初は佐渡配所だったと考えられます。それが何かの力によって、運命のいたずらというべきか、何かの事情が起きて直前になって親鸞は佐渡行きから免れ、その手前の越後の直江津に変更になったものと推測できます。そういう仮説から親鸞を見たとき、私としては親鸞が身近な存在となって見えてきます。

それはともあれ、晴れた日には越後側の直江津居多ヶ浜や春日山（上杉謙信の城郭があった所）から、越《えっ》佐《さ》海峡をはさんで真向かいに、手に取るように佐渡が島がかすかに浮かんで見えます。これは事実です。そうすると、親鸞は時にあの海岸に立ち尽くし、またその近辺の小高い山や丘から、日本海の紺碧の大海原を飽かず眺め、また沈む夕日を幾度となく見つめたでしょう。視界に映る孤島佐渡を、流罪の身で親類縁者とてない、まったくの孤独で哀れで頼る者もない我が自分の心境とを重ねダブラせて、都に帰れる日の望みを当初はもって物思いにふけったかと想像します。日が重なるに従って、その思いはいっそう信仰の対象である阿弥陀への想いへと深まっていったに違いないと思います。親鸞は海岸べりに来て何か思ったでしょうが、ただ当たり前に思ったという単純なことではありません。親鸞の宗教者として偉大なところは、これまでの都で身につけてきた阿弥陀仏観からさらに徹底して一歩も二歩も観念的なものから現実的な方向に深まったこと。そして阿弥陀仏信仰・思想の神髄というか核そのものになる悟りであったように私見します。

すなわちそれが親鸞の宗教的思索を最大限に深める契機となり、彼の宇宙的世界観を一新させる程ほどヒントになっていると推察されるからです。正直いって京都に居た三五歳までの親鸞にはこれといった宗教的思索の深まりはあまり窺えません。辺境の地に来て生活してみて、田舎びた農民や漁師の生活や人情も知って。またこれまで目にしたことがなかった洋洋と果てしなくどこまでも広がる日本海の大海原。それも日に日に千変万化し、海の色調も多様に季節と共に変わる。あたかも万華鏡の如く、いろいろな不思議な顔を現す海。だがすべての水はこの海水へと注がれ集められ、しかもすべてを温かく包み込んではぐくむ。そんな大海原を、孤独に映った佐渡が島も己れの不運な孤独の境遇も、完全にすっぽりと慈悲の願海・本願海である仏の大海原が救い摂ってくれている事実に、そしてこの大海原の一乗海《いちじょうかい》が阿弥陀仏の念仏功徳の大宝海であったことに、はたと気づき目醒めたのです。以上のような浄土のイメージ世界から、今度は海を巡って改めて親鸞の他力本願念仏信仰の核心に迫ってみたいと思います。

『歎異抄』第一五章をひもときますと、そこには「弥陀の願船に乗じて、生死の苦海をわたり、報土の岸につきる」という文章が窺えます。すなわち「願船」とはここでは本願のことを意味します。つまり簡単に申せば、弥陀の本願は衆生を救って苦悩の海を渡して彼岸の浄土へ往生させるから、海を渡す船に譬えているわけです。また一方、親鸞が『教行信証』を要約した『浄土《じょうど》文類聚鈔《もんぬいじゅしょう》』には、それは宗祖の晩年八〇歳から八三歳頃の作ですが、「大悲の願船」と著しております。そこで語られる「願船」とは、阿弥陀如来の大悲の誓願の船にたとえ、具体的にして分かりやすい教えです。また同時に、そこにはあまねく一切の衆生を一人ももらさず悟らせようとする、阿弥陀仏の広大な誓願、それに人間の考えを超えた不思議なはたらきである利益功徳が強く説き勧められている点も決して見落とせません。

その他にもあります。たとえば親鸞の『高僧和讃』で、龍樹菩薩をたたえた一〇首のなかの四番目に、弥陀の本願を船にたとえて語っています。すなわち龍樹が世に出たことによって、自力で久しい間かかってさまざまの難しい行を修めて仏になろうとする難行道《なんぎょうどう》と、弥陀の本願を信じて他力念仏により速やかに浄土に生まれる易行道《いぎょうどう》の違いを教えています。つまり、それは迷いの世界を生まれかわり死にかわって果てしなくさまよい巡る我ら凡夫を、弥陀の本願を船にたとえて、生死海《しょうじかい》を渡して悟りの彼岸へと至らしめようと説くくだりです。

親鸞の念仏浄土観のイメージ世界――海

また、親鸞は、龍樹の『十住毘婆沙論《じゅうじゅうびばしゃろん》』の「易行品《いぎょう》」から引用し、「行巻」の中で『正信念仏偈』に陸路の手段でなく、水路の手段を用いて行くことが易行道の楽しさだとして、「願船」という文句を引き出さずに語っております。「海」についての語句は『正信念仏偈』に、二、三箇所拝見できます。さらには「行巻」の別のところには、文脈のなかに、「願海」とか「智船」「群生海」などと「海」や「船」にからんだ文句が窺えるのも、親鸞独自の念仏浄土観のイメージが存在したからだといえるでしょう。

さて、「海」を親鸞が持ち出す場合、その海に関してどういう真意が基本に含まれているのでしょうか。また、海が比喩する象徴的意味を探ってみることにしましょう。親鸞は「行巻」において曇鸞《どんらん》の『浄土論註』をそのまま引挙して、次のように説いています。

「海」というのは、永遠の昔からこのかた、愚かな人や聖者が修めてきたさきざまな自力の修行や自力の善である川の水を変え。また、五逆の重罪を犯したり、仏の教えを誹謗する人や、仏になる因《たね》をもたない人たちがもっている数知れない、無明（無知の意）の海水を変えます。そして本願の広大な慈悲と知慧との真実。つまり数知れない功徳に満ちた広大な宝の海水としてしまう働きがあるからです。だから、これを海のようなものにたとえるのだと言うのです。ここから『経』に、「煩悩の氷が解けて功徳の水になる」と記しています。たしかこの文を白隠禅師も和讃で使っていますが、親鸞が曇鸞の文を引用し、それを白隠が読み借用したに違いありません。

そこで言えることとは、龍樹、曇鸞は決して「願海」とは文字通りに言っていません。ただ「海」の一文字を使っています。それを親鸞が願を頭に冠して「願海」と読み換えたところに、まさに彼独自の解釈と海のイメージ世界が新たな意味をもって描かれるわけです。

　要旨を述べると、「海」を用いた語句には「功徳大宝海」とか「弘誓一乗海」「弥陀本願海」「本願の大智海」などに読み取られるように、仏の本願力・本願海に完全に包まれた世界があり。また一方で、流転、輪廻の世界をたとえて「群生海」「生死海」とか「無明海」「愛欲の廣海」と呼ぶ、凡夫の住む全存在の生命共有の場として捉えているわけです。しかしこの〈真仏土〉と〈方便化身土〉とがつねに対峙的に二つに分かれて存在するというようには親鸞は考えませんでした。両者は「海」が示すように、一つの連なりであり、「海は仏の一切種知深広にして岸がなくとぎれない」と表現します。まさに自利利他を説く大乗である「一乗海」の語意を基本的に包含する阿弥陀の世界なのです。だから親鸞は「行巻」で「大乗は二乗三乗あることなし」と断言します。要するに、この一乗を仏性と名づけたばかりか、一切の人はことごとく仏性をもっている、と根源的本質的テーマにもどり、万人に敷衍させます。そして一切の人びとはことごとく仏性をもってはいるが、仮に無知煩悩におおわれているため、それを真に見ることができない、とする解釈をする。つまり、本来はもともと智慧の海は広くして果てしなくかつ深いのだが、凡見盲見の煩悩具足の凡夫の目から見ると「愚癡海《ぐちかい》」と転化するのです。しかし現実の四海（親鸞には〈四海同《しかいどう》朋《ほう》〉というコトバもある）は一つに連なって「一味和合」していることは事実現象として容易に認められます。

　そこで最後に、話のまとめに入りたいと思います。

　思いを凝らして我が身を振り返って考えるとき、本願を仰ぐわれわれ迷いの多い凡夫にとっては、本願の真実がひしひしと仰がれれば仰がれるほど、自己が不真実・不清浄・不完全・虚仮不実《こけふじつ》の何者でもない事実に痛く思い知らされるところです。つまり無底の底知れない迷いの大洋の大海原の真只中で、根無し草のように、方向、目的や目標も定まらず、風に吹かれるまま浮き沈み（身）している姿を自己認識するのです。したがって、仏の本願海とは、愚禿《ぐはつ》親鸞の説き示す無明海《むみょうかい》（無知の海）を離れてはわれわれは存在しえない訳です。照らされる物があってこそ暗においても照らし出されるのであって、無明海を照らすのは阿弥陀仏の無量光明であり、その実存の姿が〈無量光明土《むりょうこうみょうど》〉と捉えられるでしょうか。まさに太陽の光、とりわけ夕暮に海のかなたの地平線上西に沈もうとする落日の情景こそ、日本海の海に育った私がこれまでに眺め見た最も厳粛で荘重感に満ちた、いわば極楽浄土観へとイメージさせいざなう印象を強烈に与えました。自分なりに感じた観想からいえば、むしろ無明暗夜の海があるからこそ、尽十方無碍光如来としての阿弥陀仏の慈悲が光としてわれわれ一人ひとりのに届くのであり、足元を照らしてくれるから功徳海の本願海・本願が求められるのではないでしょうか。親鸞は遠国流罪の身であり布教活動の自由がまったく与えられない時に、日本海の落日の海の景色を眺めながら、いろいろと宗教体験され思索を深められたと考えられます。

以上、「海」にたとえた諸経論の引文に導びかれながら、親鸞が実感として本願海の広大さを知ったのは、直江津の国府に流され、そこで七年近い生活の明け暮れに茫然と眺め入った日本海の海であり、またその海の千変万化する姿であり、豊かな色彩にありました。時には今述べたように海と接し沈む夕日の言葉を絶する美しい荘厳さに浄土念仏の世界を想像したと思われます。

これまで海を一度も眺め観たことがなかった親鸞が、念仏弾圧による流罪に科せられ、結果的に知人友人、同僚縁者とも一切の関係を絶たれ、独り淋しく孤独にたえて直江津の配所上陸の地居多ヶ浜の丘に来ては立ったのです。その意味は予想外に大きく、彼の思想を現実に目を向けさせ強靭なものへと鍛え上げていったと言えるかと思います。いつしか胸に懐いていた複雑な気持ちも氷解し消失しきったと想像されます。そしてライフワークが「教・行・証」の〈証〉であるところの〈南無阿弥陀仏〉の真実を、日本海の大海原を直接目にして宇宙のベールの神秘の内奥を感得されたと私は直感しました。

ここに日本人の宗教心の深まりの本骨頂が窺えます。つまり大自然と我とが感応道交《かんのうどうこう》して完全に一体融合化した、いわゆる密教でいう入我我入《にゅうががにゅう》の姿が認められると言えます。すなわち概念や知識の理解から信仰・入信を深めていくのではなく。自然の広大で測り知れない無底の淵から、また神秘・玄妙な姿を目の前にして敬謙さにうたれる、すると一瞬、目から鱗が落ちたような、朝靄《あさもや》が離散消滅したような清清しい清浄感の心境、喜びとなります。親鸞においても、実はそうした自然から念仏浄土観のイメージを受け、自得・体得・自証する宗教体験を得て確信することがあったのではないでしょうか。

転入転成の論理の展開

また、この「海」には親鸞の説く〈転入〉の論理が展開されています。すなわちすべての水は大洋の海へと流れ込むように、真実のもつ働きによって、いつしか本願海へと至り着くことを説き示します。身近に言えば、それは毒が転じ変じて薬と成るようなものでもあり。それは一瞬時に〈転入〉〈変化〉することを意味します。親鸞思想に則して言えば、人間がもつ煩悩の毒や罪を一瞬にして転じ、「仏の位に就く」（正定聚）とか「仏の位に定まる」というわけです。すなわち、それは自力修行の無効を悟り、絶対他力の阿弥陀仏のなかにあって、他力本願力の「転」「転入」「転成」「横超《おうちょう》」（よこさまに迷いの世界を一瞬に飛び超える謂。真実の他力救済の道）の働きを受けて、本願念仏にそった真実の姿を自己に見いだすことを意味します。たとえば、三願転入の文において、「善本・徳本の真門に廻入して」とか「選択の願海に転入せり」と著し、「廻入」「転入」「帰入」して信心を得る人となることを、願海に入るという表現で捉えています。こうした点は親鸞独特の文章表現であるといってもよいでしょう。私はそうした角度・視点から親鸞の「願海」「願船」「海」をダイナミックに捉え直し理解する必要があると思っています。

まだ親鸞が私の心から離れませんが、これで私の講義を終わりにしたいと思います。ありがとうございました。

（本章は、平成二十二年五月十六日（日）、武蔵野大学「日曜講演会」公開講座で行った講演内容を手を加えずに載せたものである）。

■著者紹介

新保　哲　（しんぼ　さとる）

1948年新潟県生まれ。獨協大学外国語学部英語学科卒。中央大学大学院文学研究科哲学（日本思想史）専攻博士課程満期退学。博士（文学）筑波大学。東京都立航空高等専門学校講師、姫路獨協大学専任講師を経て、現在文化女子大学教授。海外学術研修（1997～1998）のためロンドン大学SOAS（東洋・アフリカ学院）留学。作家。第25回日本文芸大賞・学術文芸賞、全作家出版賞、文芸思潮エッセイ賞・社会批評奨励賞、日本文学館出版大賞ノベル部門特別賞等受賞。

研究分野：日本思想史、日本倫理思想史、比較思想

主著：『世界のなかの宗教』晃洋書房、1999年

『仏教福祉のこころ』法蔵館、2005年（日本文芸大賞・学術文芸賞受賞作）

『遊びごころ』アサヒメディア、2009年（全作家出版賞受賞作）

『日本人の生死観』大学教育出版、2009年

親　鸞

――病・癒し・福祉――

2010年11月10日　初版第1刷発行

■著　者――新保　哲

■発行者――佐藤　守

■発行所――株式会社 **大学教育出版**

〒700-0953　岡山市南区西市855-4

電話（086）244-1268　FAX（086）246-0294

■印刷製本――モリモト印刷㈱

ISBN978-4-86429-016-6